ANDREAS ZIEMANN

Soziologie der Medien

2., überarbeitete und erweiterte Auflage

Bibliografische Information der Deutschen Bibliothek

Die Deutsche Bibliothek verzeichnet diese Publikation in der Deutschen Nationalbibliografie; detaillierte bibliografische Daten sind im Internet über http://dnb.ddb.de abrufbar.

© 2012 transcript Verlag, Bielefeld
2., überarbeitete und erweiterte Auflage
Lektorat: Kai Reinhardt, Bielefeld
Satz: Katharina Lang, Bielefeld
Druck: Aalexx Buchproduktion GmbH, Großburgwedel
ISBN 978-3-8376-2271-3

Gedruckt auf alterungsbeständigem Papier mit chlorfrei gebleichtem Zellstoff.

Inhalt

Es gibt Phänomene, die so selbstverständlich in unser Alltagsleben eingebettet sind, dass sie von der Theoriearbeit vernachlässigt werden. Die (Massen-)Medien waren lange Zeit ein solcher Fall. Nachdem sich aber immer stärker die Beobachtung durchgesetzt hatte: *media go society*, hat die Soziologie die Herausforderung angenommen: *sociology goes media*. Und doch ist dies eine sehr junge Geschichte. Denn zwischen technischen Innovationen und Revolutionen, entsprechenden Ein- und Umstellungen der Menschen und gesellschaftlichen Strukturveränderungen einerseits und ihrer wissenschaftlichen Reflexion andererseits liegen oftmals Zeitunterschiede beträchtlichen Ausmaßes. Noch bei den Gründervätern der Soziologie ist weder eine eigenständige Medientheorie noch eine ausführliche sozialtheoretische Aufarbeitung der Bedeutung der Massenmedien für Kultur und Lebensformen zu finden.[1]

Mittlerweile hat sich das Blatt radikal gewendet. Die wissenschaftliche Beschäftigung mit Medien hat Konjunktur. Längst haben sie den Stempel der Trivialität verloren und längst erfahren sie alles andere als eine stiefmütterliche Behandlung. Keine Geistes- und Sozialwissenschaft, die sich nicht *auch* mit dem Medienbegriff, unterschiedlichen Medientypen und medientheoretischer (Selbst-)Reflexion auseinander setzt – selbst Geschichtswissenschaft, Theologie und Philosophie bilden da keine Ausnahme. Die Gründe sind vielfältig.

Die (Spät-)Moderne betreibt wie keine andere Gesellschaftsform zuvor eine ungeahnte Technikentwicklung; und wie keine andere hat sie sich in eine rigide Abhängigkeit davon gebracht. Hochkomplexe Medientechnologien und das autonome Feld der Massenmedien steuern und ordnen die Produktion und Verteilung von Informationen, die Orientierungs- und Entscheidungswege von Individuen, das kulturelle Leben und das Gedächtnis der Gesellschaft. Es ist für uns unvorstellbar, welche Auswirkungen ein Totalausfall von Medientechnologie und Massenmedien hätte. Was wüssten wir von der Welt, wenn es keine Bücher, Bibliotheken und Zeitungen gäbe? Wie liefen Massenereignisse ab, wenn keine Kamera und kein Mikrofon dabei wären? Wie würden wir ohne moderne Medientechnologien kommunizieren? Diese (hypothetischen) Fragen weisen sogleich in eine bestimmte mediensoziologische Richtung: der Ordnung des Sozialen im Medialen (und *vice versa*) auf die Spur zu kommen, indem immer wieder Rückfragen gestellt und probehalber Verschiebungen, Umstellungen und Negationen des Seienden und des Wirkenden vorgenommen werden.

Die nachfolgenden Überlegungen gehen davon aus, dass (Massen-)Medien die gegenwärtigen sozialen Verhältnisse und gesellschaftlichen Strukturen nachhaltig geprägt und eine irreversible Interdependenz ausgebildet haben. Und sie implizieren, dass die alltagsweltliche Routine und Souveränität im Mediengebrauch, die sinnliche wie gesellschaftliche Disziplinierung durch Medien und schließlich die rasante Steigerung der (digitalen) Medienevolution unbestreitbare Signaturen unserer Zeit sind. Viel ist darüber geforscht und geschrieben worden. Dieses Einführungsbuch liefert dazu einen systematischen Überblick – über Medienforschung und Medientheorien im Allgemeinen und über das Gebiet der Mediensoziologie im Speziellen. Kurz und formelhaft gesagt: Mediensoziologie = Gesellschaftstheorie + Medientheorie + soziologisch-historische Analysen zur Wechselwirkung von Gesellschaftsstrukturen und Medienwandel + empirische Analysen zur Mediennutzung und -aneignung.

Im folgenden *Kapitel II* wird die Konstitution und Ausrichtung der Mediensoziologie ausführlich vorgestellt, dieser noch jungen Disziplin im Konzert der etablierten Sozialwissenschaften. Zuerst geht es um ihren Gegenstandsbereich im Schnittfeld von Gesellschaft, Medienwandel, Massenmedien und Individuum. Danach fokussieren wir eine allgemeine Bestimmung des Medienbegriffs, der weit mehr als nur moderne Massenmedien umgreift, sowie die typologische Unterscheidung in Wahrnehmungsmedien, Verstehensmedien, Verbreitungsmedien, kommunikative Erfolgsmedien und städtebauliche Ordnungsmedien. In *Kapitel III* wird das Verhältnis von Medienwandel und Gesellschaftsentwicklung analysiert. Entscheidende Etappen der Medienevolution werden rekonstruiert, auf ihr Problemlösungspotenzial hin untersucht und systematisch mit individuellen wie auch gesellschaftlichen Folgen verbunden. Weil jedes neue (Massen-)Medium schnell seine

Kritiker auf den Plan ruft und einen symptomatischen Technik-
folgendiskurs hervorbringt, folgt in *Kapitel IV* die Auseinandersetzung mit einschlägigen kritischen Medientheorien: von Platon
über Horkheimer, Adorno und Anders zu Bourdieu. Im *V. Kapitel*
erfolgt nach einer begriffsgeschichtlichen Rekonstruktion die sozialtheoretische Beschreibung der Sphäre der Öffentlichkeit mit
Blick auf ihre politisch funktionale, räsonierende Praxis, konstitutiven Sprecherpositionen, Publikumsbezüge und nicht zuletzt
ihr medientechnologisches wie massenmediales Fundament. Das
VI. Kapitel betrachtet Medientheorie als Gesellschaftstheorie. Vor
allem mit Begrifflichkeiten der soziologischen Systemtheorie wird
beschrieben, wie das autonome Funktionssystem der Massenmedien Informationen produziert, diese für andere Vergesellschaftungsbereiche und Verwendungskontexte zur Verfügung stellt
und letztlich durch Nachrichten, Unterhaltung oder Werbung
eine eigene und doch integrative Form von Wirklichkeit (neben
anderen) erzeugt. Abschließend folgen einige aktuelle Beobachtungen zu Massenmedien und (ihrer) Moral. In *Kapitel VII* folgt
die Umkehrung der Perspektive auf die Mikroebene und damit
auf konkretes (empirisch breit erforschtes) Medien- beziehungsweise Rezipientenhandeln. Dabei geht es um problem- und be-
dürfnisorientierte Mediennutzungen (inklusive Internet), um die
Abfolge und soziale Einbettung von Rezeptionsphasen sowie um
medienunterstützte oder medieninduzierte Identitätsbildung und
Unterhaltungsformen. Der Band schließt dann in *Kapitel VIII* mit
einem Ausblick auf die Strukturen der Mediengesellschaft und
skizziert diesbezügliche Theorieperspektiven, Forschungsfelder
und Problemstellungen.

Jedem Leser sei noch auf den Weg gegeben: Eigene mediale
Erfahrungen und selbst gewähltes Medienhandeln sollen durch
wissenschaftliche Analysen und theoretische Reflexion keineswegs destruiert oder kulturkritisch desavouiert werden, sondern
vielmehr und hoffentlich an Klarheit gewinnen.

1. Gegenstandsbereich und Forschungsfragen

Das menschliche Dasein ist immer schon ein im weitesten Sinne mediales. Verfügt der Mensch doch nicht über einen unmittelbaren Zugang zur Welt und zu Anderen, sondern ist auf besondere Vermittler und Hilfsmittel – eben: Medien – angewiesen: Sinnesorgane und Gliedmaßen, Stimme und Sprache, Bilder und Schrift etc. Die teils revolutionären und immer schnelleren Entwicklungen von Medientechnologien, die alltagsweltliche Relevanz sehr vielfältiger Medienangebote und ihrer Orientierungsleistungen, die praktischen Routinen im Umgang mit den zahlreichen und verschiedenen Medientechniken und Medienformaten sowie die mediale Durchdringung letztlich aller Gesellschaftsbereiche haben unsere Wahrnehmungsmöglichkeiten, Handlungsweisen und Kommunikationsstrukturen nachhaltig verändert und geprägt. Dies ist innerhalb der Wissenschaften nicht unbemerkt geblieben. Strukturell und inhaltlich haben sie darauf mit entsprechenden Untersuchungen, Erklärungsansätzen und Theoriearbeiten reagiert. Das Reflexivwerden von Medien – ihrer Evolution, ihren Funktionen und Gebrauchsmöglichkeiten – hat schließlich in vielen Fällen zu einer Zweitnomination bestehender Disziplinen geführt: Die Mediensoziologie ist ein Fall davon.

Dieser Wandel ist auch innerhalb der Soziologie nichts Neues. Ihre disziplinäre Ausdifferenzierung ist die jeweils adäquate Spezialisierung von Forschungsgebieten: Arbeits-, Familien-, Kultur-, Religions-, Sprach- oder Wirtschaftssoziologie sind Beispiele dafür. Diese bleiben zwar allesamt unter dem Deckmantel ihrer allgemeinen soziologischen Mutterdisziplin, kombinieren aber deren Begriffe, Methoden und Theorien mit einem neuen, eigenständigen Gegenstandsbereich und bauen forschungsstimulierende wie erkenntniserweiternde interdisziplinäre Beziehungen auf. Ihre »Mutterdisziplin«, an die sich die Mediensoziologie jederzeit rückbindet und von dort neue sozial- und gesellschaftstheoretische Impulse aufnimmt, ist exklusiv die Soziologie (vgl. dazu auch Jäckel 2005) – und keineswegs, wie von manchen behauptet oder gewünscht, die Medien-, Kommunikations- oder neuere Kulturwissenschaft. Zwei zentrale soziologische Grundbegriffe, nämlich *soziales Handeln* und *Gesellschaft*, werden mit dem Gegenstandsbereich wie auch dem (noch näher zu definierenden) Grundbegriff der Medien kombiniert und zum Anlass weiterer Theoriearbeit und verstehender oder erklärender Analysen genommen.

Vorrangig konstituiert und legitimiert sich die Soziologie, indem sie soziales Handeln, soziale Beziehungen, gesellschaftliche Strukturen (in ihrem Wandel) und die aktuelle Form der Gesellschaft beschreibt, versteht und erklärt.[2] Prominent hat Max Weber der Soziologie ins Stammbuch geschrieben: Sie ist jene »Wissenschaft, welche soziales Handeln deutend verstehen und dadurch in seinem Ablauf und seinen Wirkungen ursächlich erklären will. [...] ›Soziales‹ Handeln aber soll ein solches Handeln heißen, welches seinem von dem oder den Handelnden gemeinten Sinn nach auf das Verhalten *anderer* bezogen wird und daran in seinem Ablauf orientiert ist.« (Weber 1972: 1) Soziologische Beobachtungen und Reflexionen zielen darauf ab, das implizite Wissen der vergesellschafteten Individuen, ihre Alltagsroutinen, das Allgemeine im Besonderen explizit zu machen und so zur Aufklärung von sozialen Situationen und ihrer Logik beizutragen. Entsprechend wird gefragt: Was geht eigentlich in bestimmten sozialen Situationen vor, und aufgrund welcher Motive, Erwartungen und Regeln handeln wir so, wie wir handeln?[3] Ein weiterer Fragenkomplex lautet: In welcher Gesellschaft leben wir und was sind ihre Ordnungsprinzipien? Hier geht es um eine distinkte Bestimmung des Gesellschaftsbegriffs, um eine hinreichend komplexe wie zeitdiagnostisch adäquate Gesellschaftstheorie und um die Verhältnisbestimmung zwischen Individuum und Kollektiv einerseits sowie zwischen den verschiedenen gesellschaftlichen Teilbereichen andererseits. Immer wieder aufs Neue deutet die Soziologie die soziale Wirklichkeit (mitsamt ihren Umbrüchen, Krisen und Errungenschaften) und bietet gleichermaßen anspruchsvolle, reflektierte wie öffentlichkeitswirksame Beschreibungen an.

Nun ist es für die Mediensoziologie – wie im Übrigen für jede junge (Bindestrich-)Disziplin – charakteristisch, dass sie sich erstens im Feld der bestehenden Wissenschaften noch etablieren und beweisen muss: etwa durch klare Problemstellungen, die in dieser Form noch unbearbeitet sind, und durch eine distinkte Grenzziehung zu den anderen Sozialwissenschaften und deren speziellen Diskursen (vgl. Keppler 2000). Auch innerhalb der Soziologie ist der Status der Mediensoziologie – bei aller Prominenz und Relevanz des Medienthemas – noch keineswegs entschieden. Soziologische Medientheorie und die Wechselwirkungen zwischen Gesellschaftsstrukturen und Medienwandel werden nur selten ins Zentrum gestellt.[4]

Es ist zweitens charakteristisch, dass die Mediensoziologie noch über keinen standardisierten Lehr-, Forschungs- und Theoriekanon verfügt. Der Wissenschaftstheoretiker Ludwik Fleck hat die Unterscheidung von Zeitschriften- versus Lehrbuchwissenschaften vorgeschlagen, um unterschiedliche Institutionalisierungsgrade zu betonen (vgl. 1980: 146ff.). Die Ersten sind für aktuelle Forschung und die Dynamik der Erkenntnis zuständig; die Zweiten für die Festlegung und Kanonisierung von Begriffen und Denkstilen. »In jeder Disziplin, je in Bezug auf fast jedes Problem besteht eine *Vorhut*: die Gruppe der dieses Problem praktisch bearbeitenden Forscher; dann eine *Haupttruppe*: die offizielle Gemeinschaft, und schließlich mehr oder weniger desorganisierte *Nachzügler*. Diese Struktur tritt um so deutlicher hervor, je größer der Fortschritt auf dem bearbeiteten Gebiete ist. Zwischen der Zeitschriftwissenschaft, die die neuesten Arbeiten enthält, und der Handbuchwissenschaft, die immer zurückbleibt, bildet sich dadurch eine mehr-minder große Distanz.« (Ebd.: 163) Bisher hat die Mediensoziologie nicht den Rang und Legitimierungsgrad einer Handbuchwissenschaft erreicht. Ins Positive gewendet, heißt dies aber auch: Hierin liegt die enorme Chance für interdisziplinäre Offenheit, die sich von Forschungskontexten und Problemstellungen leiten lässt und nicht von einer (dogmatischen) Engführung ihres Gegenstandsbereichs aufgrund disziplinärer oder institutioneller Grenzen (im universitären Lehr- und Forschungsbetrieb). Bei aller begrüßenswerten Interdisziplinarität ist gleichzeitig davor zu warnen, sich generell von der Mutterdisziplin lösen zu wollen. Grundbegriffe, für uns besonders *Medien* und *Gesellschaft*, verlieren sonst jegliche Kontur und werden schließlich ungeprüft und ohne weitere Diskussion beliebig eingesetzt.

Wenn wir einleitend gesagt hatten, dass zwischen technischen Innovationen, ihrer kulturellen Implementierung und damit verbundenen gesellschaftlichen Strukturänderungen einerseits und der wissenschaftlichen Reflexion darüber andererseits oft Zeitunterschiede beträchtlichen Ausmaßes liegen, und wenn wir diesem Befund die Trennung zwischen aktueller Forschung und kondensiertem Fachwissen zur Seite stellen, dann gilt dies auffallend für mediensoziologische Studien zum Computer, zur Digitalisierung, zum *ubiquitous computing* oder zu multisensorischen virtuellen Parallelwelten, die gerade erst am Anfang stehen. Noch gilt in der ›Haupttruppe‹ der (Medien-)Soziologie das Credo vom »Leitmedium Fernseher«. Das Fernsehen ist nicht zuletzt wegen seiner enormen Reichweite und seiner relativ geringen Perzeptionsanstrengung bis auf weiteres das »kulturelle Epizentrum« (Castells) der modernen Gesellschaft. Die ›klassischen‹ Verbreitungsmedien und »Neuen Medien« – mitsamt ihren nachhaltigen Einflüssen auf soziale Netzwerke, (teilkritische) Öffentlichkeit(en), politische, wirtschaftliche, wissenschaftliche Globalisierung, Lernen und (Hoch-)Schule etc. – sind aber nicht der einzige Forschungsbereich. Das mediensoziologische Erkenntnisinteresse erstreckt sich auch auf den Komplex der kommunikativen *Steuerungs-* und *Erfolgsmedien* wie etwa Geld, Wahrheit, Liebe oder Macht und das damit verbundene Moment gesellschaftlicher Ordnung.

Fürs Erste lautet nun unser Vorschlag einer (formalen) Bestimmung der Mediensoziologie als Wissenschaft: *Die Mediensoziologie untersucht die komplexen Wechselwirkungen zwischen Gesellschaft, Medien und Individuum und richtet ihre Forschungs- beziehungsweise Theoriearbeit auf eine adäquate phänomenale Beschreibung, Interpretation und funktionale Erklärung damit verbundener Prozesse, Strukturen und Formbildungen aus.*

Wichtig ist für den Gegenstandsbereich und für unterschiedliche Forschungsinteressen, dass ein ›mediensoziologisches Dreieck‹ den allgemeinen analytischen Fokus markiert.

Abbildung 1: Mediensoziologisches Dreieck

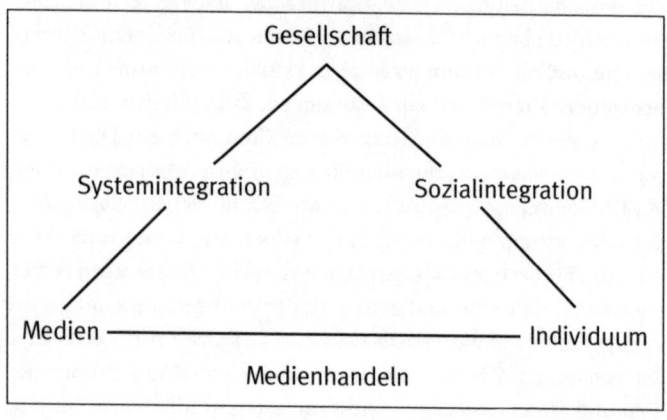

Begrifflich geht es um die Trias von Gesellschaft, Medien und Individuum. Zwischen diesen drei Eckpunkten bestehen kontinuierliche Wechselwirkungen; und aus diesen drei Eckpunkten resultieren kulturell-historische Veränderungen. Gesellschaftliche Normen, Werte und Erwartungen werden im Sozialisationsprozess vermittelt und wirken auf die Individuen ein; die Individuen wiederum können durch aktive und kreative Reproduktion jener Anforderungen und Orientierungsgrößen gesellschaftliche Strukturen verändern. Je nach kultureller Balance zwischen individuellem Wollen und gesellschaftlichem Sollen und je nach rollenförmiger Eingliederung der Einzelnen ergeben sich Modi der Sozialintegration, der harmonischen Einordnung der Individuen in die Gesellschaft. Die Bedingungen der Sozialintegration variieren nicht zuletzt mit medialen Technologien und Verhältnissen. Gesellschaftliches Wissen wird beispielsweise durch bestimmte Medien archiviert und vermittelt; und je nach Aneignungskompetenz und Zugang zu den Medien führt Medienhandeln zu einem kulturell und alltagsweltlich gemeinsam geteilten Wissenshorizont. Medienhandeln ist daneben auch individuell motiviert durch das Interesse oder Bedürfnis an Lernen, Unterhaltung, Ablenkung, Lebenserleichterung oder anderen Problemlösungen. Medienhandeln wie Medienrezeption sind nicht zuletzt auch entscheidende Faktoren für den (reflektierten) Aufbau der eigenen Identität und für das Verstehen konkreter Anderer. Zwischen Gesellschaft und ihren Medien(technologien) wiederum besteht eine relative Abhängigkeit der Ordnungsstrukturen und kollektiven Wissensformationen. Auf der makrologischen Gesellschaftsebene, mit ihren sehr verschiedenen, hoch spezialisierten Teilbereichen, geht es um die Dimension der Systemintegration, d.h. um wechselseitige Leistungsbeziehungen und Einschränkungen zwischen beispielsweise Wirtschaft, Politik, Wissenschaft, Recht, Kunst und Massenmedien, aus denen eine polykontexturale Ordnungslogik im funktionalen Nebeneinander entsteht. Unter diesem Aspekt der Systemintegration gilt heutzutage die breit geteilte Auffassung, dass maßgeblich die modernen Echtzeitmassenmedien sowohl die zeitlich-sachliche Koordination von Themen und Entscheidungen ermöglichen und herstellen als auch die entscheidenden Agenturen für die Anfertigung von gesellschaftlichen Selbstbeschreibungen sind.

Ergänzend zum Gegenstandsbereich zeigen spezifische Problemstellungen sehr präzise ein wissenschaftliches Forschungsgebiet an. Im Fall der Mediensoziologie lauten die Problemstellungen, die sie zu methodisch angeleitetem Forschen, zu begrifflicher Reflexion und zu Theoriearbeit motivieren, folgendermaßen: Wie soll der (soziologische) Medienbegriff adäquat definiert und operationalisiert werden? Welche Medienformen lassen sich unterscheiden, systematisieren und in welchen historischen Verlauf einordnen? Mit Bezug auf welche gesellschaftlichen Probleme, individuellen Anforderungen oder »Wunschkonstellationen« (Winkler 1996) werden welche Medien entwickelt? Wie gehen Menschen mit (Massen-)Medien um? Wie produzieren und gestalten Medien Wirklichkeiten und machen diese erfahrbar? Wie organisieren und steuern (Massen-)Medien zwischenmenschliche Kontakte, gesellschaftliche Strukturen und Themen oder etwa das kulturelle Gedächtnis? Und generell: Wie stellen (Massen-)Medien soziale Ordnung her? Diese konstitutiven Problemstellungen lassen sich auf die bündige, in der Einleitung kurz erwähnte Formel bringen: Mediensoziologie = Gesellschaftstheorie + Medientheorie + soziologisch-historische Analysen zur Wechselwirkung von Gesellschaftsstrukturen und Medienwandel + empirische Analysen zur Mediennutzung und -aneignung. Stärker denn je soll damit der Mediensoziologie die Programmatik ins Stammbuch geschrieben werden, dass sie fundamental auf Gesellschaftstheorie angewiesen ist und dass Medien und Gesellschaft stets komplementär zu denken sind.

Bevor es um die weitere Spezifik der Mediensoziologie geht, soll kurz die formale Abgrenzung gegenüber anderen Teildisziplinen skizziert werden, die sich ebenfalls dem Gegenstandsbereich der Medien verschrieben haben. Denn die Mediensoziologie als eigenständige Disziplin zu begründen heißt auch: sie aus der unglücklichen Verbindung mit der Medienpsychologie zu lösen und sie zugleich ins Recht zu setzen gegenüber den Kommunikations- und Medienwissenschaften.

Die *Publizistik- oder Kommunikationswissenschaft* konzentriert sich dominant auf öffentliche Massenkommunikation, auf (quantitative wie qualitative) Medienwirkungsforschung und auf die Praxis des Journalismus und der Public Relations. Demgegenüber hält die Mediensoziologie Distanz zur Praxis und arbeitet grundlagentheoretisch über das Verhältnis zwischen Medien und verschiedenen Handlungssituationen oder gesellschaftlichen Teilbereichen. Oder sie untersucht etwa die Felder des Fernsehens, der Werbung und des Journalismus gesellschaftstheoretisch, gesellschaftskritisch und häufig auch hermeneutisch-wissenssoziologisch beziehungsweise mit den Methoden der explorativ-interpretativen Sozialforschung, aber definitiv nicht im Sinne der quantitativen Sozial- und Medienforschung.

Mit der *Medienwissenschaft*[5] teilt die Mediensoziologie das Bemühen um grundlagentheoretische Ausrichtung und das Laborieren an einem tragfähigen, anwendungsbezogenen Medienbegriff. Geteilt wird auch das historische Interesse am Aufkommen neuer Medientechnologien und an den dynamischen Wechselwirkungen wie auch radikalen Umbrüchen zwischen verschiedenen Medienkonstellationen. Daneben aber ist die medienwissenschaftliche Forschung zentral ausgerichtet auf die Ästhetik der Massenmedienprogramme und Bildmedien sowie auf mediale Gattungsanalyse; beides interessiert die Mediensoziologie nur randständig.

Die *Medienpsychologie* wiederum versucht vor allem, menschliches Wahrnehmen, Fühlen, Denken und Handeln mit Bezug auf die Nutzung der (Massen-)Medien zu beschreiben, zu erklären sowie – in Anlehnung an die Publizistik – mit empirischen Methoden valide Medienwirkungsforschung zu betreiben. Die Mediensoziologie analysiert demgegenüber das Individuum immer in seiner geschichtlich-gesellschaftlichen Stellung und mithin die medial fundierten oder strukturierten Wechselwirkungen zwischen Individuen und Gesellschaft. Sinnliche Operationen und kognitive oder emotionale Prozesse rein als solche interessieren sie nicht.

Last not least: Die *Medienökonomie* (vgl. Altmeppen/Karmasin 2003) begreift Medien einerseits als (Tausch- beziehungsweise Kultur-)Güter und untersucht dann, wie Informationen und Werbebotschaften in den Massenmedien produziert, vermarktet, distribuiert und konsumiert werden und wie sie sich ökonomisch ›messen‹ lassen. Die Massenmedien werden andererseits als Unternehmungen in einem komplexen Marktgefüge verstanden, auf dem Geldströme und Leistungen wechselseitig zwischen Inhaltebeschaffungsmarkt, Werbemarkt und Rezipientenmarkt zirkulieren. Die Mediensoziologie sieht von diesen Markt- und Mediadaten-Analysen sowie von rein ökonomischen Kreisläufen oder Kosten-/Leistungsberechnungen vollkommen ab. Wenn sie Ökonomie fokussiert, dann als einen gesellschaftlichen Teilbereich neben anderen und dann zudem mit einem problemorientierten Interesse (beispielsweise strukturtheoretischer, funktionalistischer oder kulturalistischer Art) in Bezug auf die Gesamtgesellschaft und das System der Massenmedien.

Alles in allem findet die Mediensoziologie eine immer stärkere Legitimation als wissenschaftliche Disziplin und für ihre Forschungsfelder, da alltagsweltlicher Mediengebrauch, technologischer Medienwandel und Medialisierungsprozesse der Gesellschaft faktisch eine so dominante Rolle spielen wie nie zuvor. Mit empirischen Studien und theoretischen Reflexionen will und kann sie gleichermaßen kritisch aufklärend wirken wie auch praktische Handlungsfolgen und Produktionsprozesse anstoßen.

2. Medienbegriff

Wissenschaftliche Beobachtung, Unterscheidungsfähigkeit und Klarheit basieren auf Begriffen. Entsprechend macht es sich auch die Mediensoziologie zur Aufgabe, festzulegen, was sie unter »Medien« verstehen will. Bei der Vielfalt an alltagsweltlichen Bedeutungen und mit Blick auf bereits bestehende Definitionen ist dies kein leichtes Unterfangen. Die distinkte Bestimmung eines allgemein fundierten Medienbegriffs ist trotz der Hochkonjunktur von Medientheorien, trotz einer beeindruckenden Vielzahl von jüngst erschienenen Lehr- und Einführungsbüchern zu Medien und trotz der fulminanten Bedeutung und Relevanz von verschiedensten Medien in der Alltagswelt keineswegs geklärt. Eine Basisdefinition gibt es (noch) nicht.

Drei häufige Verwendungen des Medienbegriffs[6] lassen sich so bündeln: Er bezeichnet ein Mittleres beziehungsweise einen (technischen) Vermittler (klassisch: »der Bote« und »der Übersetzer«)[7]; zweitens ein Wahrnehmungs- oder Verständigungs*werkzeug*[8] oder die Ausweitung des Zentralnervensystems überhaupt (McLuhan); drittens einen eigenständigen Vergesellschaftungsbereich, der Informationen produziert und zu spezifischen (kommunikativen) Formbildungen und kulturellen Wissensbeständen führt – bezeichnet wird dieser Vergesellschaftungsbereich etwa als: Funktionssystem der Massenmedien; Feld des Journalismus; Medien-Institutionen; Nachrichten-, Unterhaltungs-, Werbe- und PR-Branche; oder Kulturindustrie. Alles in allem lässt sich kritisch diagnostizieren: Diese mehrdeutige Verwendung des Medienbegriffs deutet auf einen wohl teilweise unzulässigen Umgang (vgl. Künzler 1989: 1). Alles lässt sich eben nicht in ihm unterbringen. Wenn nun die Medienwissenschaften und Medientheorien kein grundbegrifflich einheitliches Vokabular zur Verfügung stellen, um eindeutig über Medien zu reflektieren und eine konsistente Theoriearbeit zu ermöglichen, dann wird dies vielleicht durch eine Kanonisierung der Lehrinhalte kompensiert. Doch das Gegenteil trifft zu. Die Palette an Medientheorien ufert auch in Lehrbüchern aus und zeigt größtenteils keine Gemeinsamkeiten auf. Dies liegt nicht zuletzt daran, dass Theorien anderer Herkunft plötzlich mit dem Medien-Präfix versehen werden. Statt Kanonisierung gilt

Pluralisierung – oder: Kanonisierung wird als Pluralisierung betrieben.

Diese Pluralisierung findet ihre Entsprechung im Alltagswortschatz (zur historischen Kontextualisierung: Hoffmann 2002). Was wird da nicht alles als Medium deklariert? Wahrsagerinnen, Hypnotiseure, herumirrende Seelen und personale Verkörperungen des Mediumismus; Plakat, Zeitung, Buch, Post, Radio, TV, (Mobil-)Telefon, Computer, WWW; Wahrnehmungsorgane und deren Leistungen optimierende Techniken beziehungsweise Instrumente wie Brille, Fernrohr, Mikrofon, Pinzette, Pinsel, Musikinstrumente etc.; körpergebundener Ausdruck ohne Sprache wie Malerei, Tanz, Musik und des Weiteren natürliche (National-) Sprachen; Sendeanstalten und Nachrichten- beziehungsweise Bildagenturen; Geld, Macht, Liebe, Wahrheit, Recht, Kunst, Literatur, Glaube; Raum, Zeit, Aufmerksamkeit, Gefühle u.a.m. Was sollen all diese Phänomene gemeinsam haben? Insgesamt sind also ein wissenschaftlicher Aderlass sowie Reduktion von Komplexität vonnöten – und nicht zuletzt die Bestimmung eines *tertium comparationis*.

Unser soziologischer Definitionsvorschlag lautet: Medien sind gesellschaftliche Einrichtungen und Technologien, die etwas entweder materiell oder symbolisch *vermitteln* und dabei eine besondere *Problemlösungsfunktion* übernehmen. Sie verfügen über ein *materielles Substrat* (und sind deshalb Materialitäten menschlichen und gesellschaftlichen Seins), welches im Gebrauch oder durch seinen Einsatz Wahrnehmungen, Handlungen, Kommunikationsprozesse, Vergesellschaftung und schließlich soziale Ordnung im Generellen ermöglicht wie auch *formt*.

Ein solcher Medienbegriff gibt der (soziologischen) Medientheorie konkrete Technologien oder symbolische Materialitäten von und für Handlungen oder Kommunikationen – also ein *fundamentum in re* – an die Hand. Eine besondere Betonung liegt auf der funktionalistischen Perspektive, d.h. jedes Medium dient zur Lösung eines bestimmten Problems. Keineswegs ist diese *ex ante* zu bestimmen oder bereits mit einer technischen Erfindung und ihrer Marktreife festgelegt, sondern generell resultiert die Problemlösung aus spezifischen Gebrauchspraktiken, kultureller Akzeptanz und anderen sozialen Faktoren, sodass jede (mögliche)

Erklärung dem *ex post*-Status untersteht. In die Definition eingeschlossen ist auch eine evolutionäre Perspektive, die den Wandel, die emergente Innovation und den Restabilisierungsprozess von Mediengebrauch und -funktion berücksichtigt.

3. Typologie der Medien

Erst die Identität – dann die Differenz. Obgleich mit dem vorherigen Vorschlag die geforderten Gemeinsamkeiten (und Vergleichbarkeiten) verschiedener Medien ansatzweise eingelöst sind und eine vielfältig operationalisierbare Definition gegeben ist, bietet sich für die gleichermaßen theoretische wie empirische Verwendung und für entsprechende soziologische oder medienwissenschaftliche Studien eine differenziertere Typologie an, die – in Anlehnung an Luhmann – fünf mediale Ebenen und Errungenschaften unterscheidet: Wahrnehmungsmedien, Verständigungsmedien, Verbreitungsmedien, kommunikative Steuerungs-/Erfolgsmedien und städtebauliche Ordnungsmedien.

(1) Die Wahrnehmungsmedien – an erster Stelle die Sinnesorgane – sind ›Lösungstechniken‹ für das Problem menschlicher Erfahrung und Orientierung. In diesem Sinne sind sie die Infrastruktur für die Operationen des psychischen Systems wie auch die notwendige Umweltbedingung für soziale Prozesse jeglicher Art. Wahrnehmungsmedien ermöglichen, konstituieren, organisieren und regulieren demnach menschliches Erleben (in Einsamkeit oder Gemeinschaft). Ohne Ohren kann man nicht hören und dann erwartbar antworten, ohne Augen und eventuelle Hilfswerkzeuge im Normalfall nicht lesen und daraufhin z.B. schriftliche Kommunikationen reproduzieren. Wahrnehmungsaktivitäten folgen schließlich im sozialen Kontext einer spezifischen Ordnungsstruktur. Diese legt fest, welche Perzeptionsanforderungen und -beschränkungen in sozialen Situationen gelten und welche sensorische und körperliche Selbstkontrolle notwendig ist.

(2) Zu den Verstehensmedien zählen vor allem die menschlichen Nationalsprachen und vereinbarte Kunstsprachen wie Morsecode oder mathematische Formeln. Sie lösen allesamt ein zweifaches Problem: (a) Der eingeschränkte Bereich des Wahr-

nehmbaren wird überschritten und Abwesendes oder Abstraktes symbolisch anwesend gemacht. (b) Vieldeutige Körpersprache wird in einen konventionalisierten Zeichen- und Sprachgebrauch transformiert und ermöglicht dann eine mehr oder minder klare Interpretation und Reaktion. Es geht mithin um hohe Unterscheidungsfähigkeit bei gezielter Anschlussfähigkeit. Die hohe Leistung der menschlichen Sprache(n) besteht zudem in den verschiedenen Varianten der Identitätsfindung (ohne Sprache keine Identität!), der (reflexiven) Selbstbezeichnung und der sozialen Positionierung.

(3) Die Verbreitungsmedien – und das sind die *klassischen* Massenmedien als jene besonderen gesellschaftlichen Einrichtungen, »die sich zur Verbreitung von Kommunikation technischer Mittel der Vervielfältigung bedienen« (Luhmann 1996: 10) – sind dem Problem sozialer Abwesenheit und raum-zeitlicher Ferne, also allgemein: dem Erreichen von Adressaten geschuldet. Durch Zeitungen, Bücher, Radio, Fernsehen oder Internet sollen situativ Abwesende – und das sind wir meistens – von lokal bis weltweit relevanten Ereignissen unterrichtet werden, ohne dass direkte Interaktion noch notwendig ist. Das generelle Ziel lautet: eine gesellschaftsweit gleiche Informiertheit herstellen oder zumindest *unter*stellen zu können. Von dieser technischen Ebene der Verbreitung startet das autonome Feld beziehungsweise Funktionssystem der Massenmedien seine Genese und Karriere. Es ist das evolutionäre Resultat der Bündelung komplexer Verbreitungstechnologien, das sich auf die Auswahl und Kontrolle von Neuigkeiten und Wissenswertem spezialisiert hat. Neben der Erfindung besonderer (erst körpergebundener, dann elektronischer und schließlich digitaler) Technologien war die Einrichtung und Professionalisierung einer eigenständigen Zunft von Journalisten notwendige Bedingung für die gesellschaftliche Ausdifferenzierung eines Systems der Massenmedien.

(4) Mit der Erhöhung der Verstehensmöglichkeit und der Hörer-/Leser-Erreichbarkeit ist keineswegs garantiert, dass eine Kommunikation tatsächlich auch affirmativ angenommen und im Folgeverhalten umgesetzt wird. Im Gegenteil: Je sicherer das Verstehen, desto höher ist die Wahrscheinlichkeit, mit einem »Nein« zu reagieren. An diesem Problem der Ablehnung setzen die Er-

folgsmedien beziehungsweise *symbolisch generalisierten Kommunikationsmedien* an (vgl. Luhmann 1975b und 1997: 316ff., 336ff.). Sie sind der neuzeitliche Ersatz der einst wirkmächtigen und verpflichtenden Rhetorik und rhetorischen Gattungen. Unter Einsatz von Geld, Macht, Wahrheit oder beispielsweise Liebe ist es um ein Vielfaches wahrscheinlicher, dass ein bestimmter Kommunikationsvorschlag mit Erfolg angenommen und erwartbar im selben Funktionskontext befolgt wird, als unter vagen, nicht-restriktiven Situationsbedingungen; und zwar prinzipiell jederzeit, weltweit und personenunabhängig. Es geht um die doppelte Konditionierung von Verhaltensweisen, genauer: um die Selektion einer Kommunikation und die Motivation zur anschließenden, erwarteten Kommunikation. Der Eine wählt aufgrund bestimmter Bedingungen eine Kommunikationsform mit entsprechendem Medium aus (Geldzahlung eines Preises), und der Andere sieht sich ermutigt, diese ökonomische Bindung einzugehen (Geldannahme gegen Warenausgabe) – und schon ist durch die wechselseitige Bindung an Geld die evolutionär prinzipiell unwahrscheinliche Verknüpfung zu einer aktuell erfolgreichen und stabilen Sozialform erfolgt. Für die Differenzierung der symbolisch generalisierten Kommunikationsmedien ist in gesamtgesellschaftlicher Hinsicht entscheidend, dass sie exklusiv zu einem Gesellschaftssystem gehören (Geld ist ausschließlich Medium der Wirtschaft und deren zentrales Bindungs-/Steuerungselement und nicht auch noch jenes von Politik, Recht oder Kunst), dass sie operativ nicht konvertierbar sind (Wahrheit lässt sich nicht mit Geld messen oder steigern; und wer für Sex zahlt, kommuniziert nicht Liebe, sondern handelt wirtschaftlich) und dass sie gegenseitig indifferent und somit geschützt sind (Wahrheit wird auch bei schlechter ökonomischer Konjunktur oder politischen Katastrophen gesucht und gefunden; und Liebe endet nicht wegen ungünstiger Familienpolitik, steigender Scheidungsprozesse oder sinkender Einkommen).

(5) Die städtebaulichen Ordnungsmedien (Architektur, Verkehrs- und Versorgungsanlagen etc.) sind die zivilisatorischen Errungenschaften und Einrichtungen für die räumliche Organisation von Populationen und für die gepflegte gemeinschaftliche Alltagsgestaltung im Bereich des Öffentlichen wie auch Privaten[9] (vor allem also des Wohnens, des Arbeitens und der Bewegung).

Ganz allgemein verfolgen die städtebaulichen Ordnungsmedien einen sozialen Disziplinierungsprozess (dem wiederum ein Normalisierungsprozess folgt), hinter dem Naturbeherrschung, Affektkontrolle und Kontingenzbewältigung stehen. Feste, gesicherte und beleuchtete Wege und Straßen dienen der disziplinierten Fortbewegung, der Minimierung von Unfällen (und Überfällen) und etwa der materiell-symbolischen Konstruktion einer Stadtästhetik. Neuzeitliche Gemeinschaftstoiletten in der Öffentlichkeit und in (Miets-)Häusern wiederum sind die Lösung für das gesellschaftliche Problem von Seuchen, verdreckten Straßen, sensiblerem Geruchs- und Intimempfinden. Oder Möbeldesign reagiert auf Individualisierungswünsche der Inneneinrichtung und neue Wunschkombinationen von Funktionalität mit Entspannung und Formgeschmack – wie es andererseits diese Wünsche in der Gestaltung je eigentümlicher Artefaktwelten oft erst schafft. Als Gestaltungsdilemma der Ordnungsmedien und im Medium der Architektur bleibt: *Form follows function or function follows form?*

Diese Typologie kann um einige weitere Merkmale ergänzt werden, die für viele Medien gelten und zu analytischer Schärfe beitragen. Siegfried J. Schmidt (vgl. 2000a: 185ff.) spricht deshalb von »Konstanten der Medienentwicklung«:

(1) Jeder neue Medientypus führt zu einer *Disziplinierung* seines Gebrauchs und daraus resultierenden Wahrnehmungs-, Handlungs- und Kommunikationsweisen. Der Buchdruck setzt beispielsweise Standards und Regeln der Schriftästhetik, der Grammatik und der Hochsprache (gegenüber zahlreichen regionalen Dialekten). Beim Lesen eines Buches wiederum muss ich mich auf seine lineare Abfolge einlassen und meine Aufmerksamkeit ausschließlich auf das Geschriebene konzentrieren. Oder Geldverwendung diszipliniert die Zahlungsentscheidungen, weil es schlichtweg nur einmal ausgegeben werden kann und dann wieder neu verdient werden muss. Geld diszipliniert aber auch dafür, dass es überhaupt für Zahlungen eingesetzt wird und bestimmte Leistungen oder Produkte weder eigenmächtig noch gewaltsam beansprucht werden.

(2) Medienentwicklungen sind mit *Demokratisierungsversprechen* verbunden. Es geht um die prinzipiell uneingeschränkte

Verwendung und Verwertung von Medien, um das Recht der Teil-nahme/Teilhabe eines jeden, der will. Bücher, Illustrierte, Fach-zeitschriften, Fernsehen stellen Wissenserwerb und (politische) Meinungsbildung für jeden in Aussicht. Oder Geld kann von je-dem – unabhängig von seinem Status, seiner Nationalität, seiner Religionszugehörigkeit etc. – ausgegeben oder profitabel angelegt werden.

(3) (Massen-)Medien folgen einem *Kommerzialisierungsprozess*. Einerseits setzen sich Medientechnologien erst durch, wenn sie sich auf einem Markt behaupten und (durch Massenkonsum) öko-nomisch rentieren. Andererseits resultieren Medienerfindungen und Medieninnovationen aus einem stetigen Marktrhythmus, der Neues fordert und mit Neuem Absetzbewegungen und Vorteile gegenüber der Konkurrenz ermöglicht. Als Kriegstechnologie ent-standen und der Militärpolitik unterstellt – so eine prominente, aber durchaus nicht unumstrittene These –, nehmen Telegrafie, Telefon und Internet ihren erfolgreichen Siegeszug erst durch ihr breites und günstiges Nutzungsangebot. Kurz: Friedliche Kom-merzialisierung übertrifft militärische Medieninnovation.

(4) Medien führen schließlich zu einer *Individualisierung* ihres Gebrauchs wie auch ihrer Angebote. Jeder Leser entwickelt bei-spielsweise seine eigenen Lesegewohnheiten; und der Buchmarkt reagiert wiederum auf verschiedene Leseinteressen und diffe-renziert entsprechend sein Programm. Individuelle Ansprüche und Angebotsvielfalt kennzeichnen ebenso den geldorientierten Konsum- und Investitionsmarkt oder die moderne Architektur. Individualisierung ist auch damit gegeben, dass jeder für sich ent-scheidet, zu welchem Zeitpunkt und in welcher sozialen Situation er welche Medien einsetzt.

(5) Medien entfalten eine *eigenlogische Rationalität*. Dies meint erstens: Auf die anfangs erwähnte Disziplinierungsphase folgt idealtypisch bis grundsätzlich ein schleichender Normalisierungs-prozess. Medien gewinnen dabei eine Rationalität (bisweilen auch Irrationalität) des Unhinterfragten und Selbstverständlichen. Je länger ein Medium soziokulturell etabliert ist, desto routinier-ter und unreflektierter wird es gehandhabt und desto intensiver strukturiert es mit seinen Möglichkeiten und Gesetzmäßigkeiten gesellschaftliche Prozesse. Damit korreliert eine Tendenz zur Un-

sichtbarkeit: Wer sieht das Buch, in dem er liest, oder den Fernseher und gar die Sendeanstalten, die Nachrichten und Unterhaltung nach Hause bringen? Erst die Beeinträchtigung oder das Ausbleiben der Funktion macht ein Medium wieder sichtbar und bewusst – begleitet von irritiertem Schrecken über die selbstverständliche Medienvergessenheit. Mit Heidegger gesprochen, nimmt das alltäglich und unauffällig Zuhandene erst dann den Charakter des *Vorhandenen* an, wenn es widerständig, auffällig, kurz: zum Problem wird. Zweitens meint die eigenlogische Rationalität, dass Medientypen im gesellschaftlichen Kontext auf sich selbst und d.h. im Besonderen auf ihre Gesetzmäßigkeiten reagieren, unter Selbstbeeinflussungsdruck geraten und zum Teil einen Modus der Selbstreflexivität ausprägen. Paradigmatisch gilt dies für das moderne Gesellschaftssystem der Massenmedien. In einem historischen Prozess haben sich die Massenmedien und ihre Akteure von der Heteronomie kirchlicher Zensuren und politischer Ideologien emanzipiert und eigene Beobachtungsmechanismen sowie selbstreferenzielle Strukturen installiert. Mit dem regelmäßigen Erscheinen einer Tagespresse stehen gleichermaßen Nachrichtenagenturen, Herausgeber und Redakteure plötzlich unter enormem Zeit- und Informationsdruck, werden Journalistenschulen gegründet zur Unterrichtung über bis hin zur Einweisung in die besonderen Gesetze und Regeln der Praktiken und Geschäfte der Massenmedien, werden dann entsprechend professionalisierte Journalisten beschäftigt, beobachten sich Redakteure, Journalisten und die verschiedenen massenmedialen Formate wechselseitig äußerst aufmerksam, zitieren, kritisieren oder diskreditieren sich etc. Oder, um ein anderes kurzes Beispiel zu geben: Im Bereich der Ökonomie reagiert Geld nur auf Geld (so sehr sich Politiker und engagierte Intellektuelle manchmal anderes wünschen) und treibt das Geld seine Rationalität eigenlogisch in Richtung Profit.

Nachdem nun ein allgemeiner soziologischer Medienbegriff definiert ist, der Medien vornehmlich als *Unwahrscheinlichkeitskompensatoren*, *Problemlösungstechniken* und *Dirigenten der Kommunikation* begreift und dem einige konstante Merkmale zur Seite gestellt wurden, ist zuletzt noch zu unterscheiden: die analytische

Verwendung auf der gesellschaftlichen Mikro-, Meso- oder Makroebene. Im ersten Fall geht es um (interaktionsförmiges) Medienhandeln, im zweiten sind verschiedene Medienorganisationen gemeint und im dritten das autonome Funktionssystem der Massenmedien mit seinen Programmbereichen von Nachrichten/Berichten, Unterhaltung und Werbung. Wenn es in der Mediensoziologie folglich um »Medien« geht, sind nie exklusiv und nur Massenmedien gemeint – im Gegensatz zu den meisten anderen Disziplinen, die über »die Medien« forschen, schreiben und reflektieren. Diese Selbstbeschränkung ist unnötig, vernachlässigt diverse intermediale Wechselwirkungen und Abhängigkeiten und limitiert Anschlüsse der allgemeinen Soziologie wie auch gemeinsame Arbeitsmöglichkeiten und Forschungsprojekte mit Sozial- oder Gesellschaftstheorien. Konstitutiv zu unterscheiden ist demnach eine *allgemeine* Mediensoziologie, um deren Grundlegung es zu Teilen bisher ging, von einer *speziellen* Mediensoziologie, die sich auf Massenmedien konzentriert und um die es im Folgenden vornehmlich geht.

> *In der Tat bestimmt die Fähigkeit oder Un-*
> *fähigkeit von Gesellschaften, Technologie*
> *im Allgemeinen und vor allem die in der*
> *jeweiligen Epoche entscheidenden Technologien*
> *zu beherrschen, in hohem Maße ihr Schicksal,*
> *so dass man sagen kann, die Technologie als*
> *solche determiniere zwar nicht die histori-*
> *sche Evolution und den sozialen Wandel, die*
> *Technologie (oder ihr Fehlen) verkörpere aber*
> *die Fähigkeit von Gesellschaften, sich grundle-*
> *gend zu verändern, und auch die Ziele, für die*
> *Gesellschaften in einem immer konfliktreichen*
> *Prozess ihr technologisches Potenzial einset-*
> *zen.* (Castells 2001: 7)

»Von der Keilschrift zur Computertechnik«, »From Gutenberg to Gates and the Internet« oder »Von der Gutenberg-Galaxis zur Cyber-World« – so lauten vielzitierte Schlagformeln der Mediengeschichte. Mediensoziologisch macht es Sinn, Medienerfindungen und Medienwandel nicht isoliert als technologische Prozesse zu begreifen, sondern sie grundständig ins Verhältnis mit gesellschaftlichen Strukturen, Anforderungen und Problemen zu setzen (vgl. ausführlich Ziemann 2011: 159-188). Demnach entstehen Medien zur Erfüllung von »Märchenwünschen« (Freud), als Reaktionen auf bestimmte (individuelle) Ziele der Entlastung und Lebensverbesserung oder als Lösungen für kollektive Probleme. Medien sind, *ex post* gesehen, jeweilige *Antworten* auf Probleme der Wahrnehmung, Verständigung, kommunikativen Erreichbarkeit und gesellschaftlichen Ordnung. Sie ermöglichen (und verändern gleichzeitig) koordiniertes Erleben in der Welt, Kooperation mit Anderen und optimierte gesellschaftliche Strukturen. Dahinter verbirgt sich eine *funktionalistische* Perspektive, die zwar nicht umstandslos geteilt wird, aber dennoch enorme Plausibilität für sich beanspruchen kann. Der Buchdruck – erst einmal zur Vervielfältigung der Bibel eingesetzt – löst beispielsweise erstens das Problem von Abschreibefehlern der Kopisten und unleserlicher Handschriften durch ästhetisierte Standardisierung; und zweitens das Problem der Vieldeutigkeit von Auslegungen der Heiligen Schrift in Richtung Kanonisierung der Glaubenslehre und der kirchlichen Liturgie (*sola scriptura*). Presse und Tageszeitungen lösen das Problem der raumzeitlichen Ferne und der Uninformiertheit von Abwesenden zu Gunsten eines (als prinzipiell einheitlich unterstellten) Wissens wichtiger Nachrichten. Und das Medium des Geldes löst das Problem der Wertberechnung von Gütern, Objekten und Leistungen, der Wertaufbewahrung für zukünftiges Wirtschaften und des gleichberechtigten Bedürfnisses beziehungsweise Interesses der Tausch- und Handelspartner.

Wie in aller Allgemeinheit gilt, dass jeder momentane Wissensstand ohne Kenntnis der Geschichte unklar bleibt, so bliebe auch eine Medientheorie ohne vergleichende geschichtliche Analysen inhaltsleer. Medientheorie sollte deshalb historisch sensibel sein und ihre Empirie auch aus geschichtlichen Ereignissen und Quellen ziehen. »Wenn wir sagen, dass X ein Medium ist, dann machen wir eine *sozial* und *historisch* gebundene Aussage über die Rolle, die X in der kommunikativen Praxis dieser Gesellschaft in einem Zeitraum spielt.« (Vogel 2003: 131) Am Beispiel der Wahrnehmung dürfte einleuchten sein, dass die Modi menschlicher Sinneswahrnehmung und die Medien, in denen sie erfolgt, nicht nur natürlich, sondern auch geschichtlich und gesellschaftlich bedingt sind und sich innerhalb verschiedener Epochen verändern. »*Innerhalb großer geschichtlicher Zeiträume verändert sich mit der gesamten Daseinsweise der menschlichen Kollektion auch die Art und Weise ihrer Sinneswahrnehmung.* Die Art und Weise, in der die menschliche Sinneswahrnehmung sich organisiert – das Medium, in dem sie erfolgt – ist nicht nur natürlich, sondern auch geschichtlich bedingt.« (Benjamin 1977: 141) Zentralperspektive und Zeitlupe sind nur zwei besondere Fälle der Wahrnehmungsveränderung. Und auch am Beispiel des Buchdrucks zeigt sich die notwendige Verknüpfung medienwissenschaftlicher Forschung mit Geschichtswissenschaft genauso wie das Betreiben von Medientheorie als Gesellschaftstheorie. Warum war der Buchdruck lange vor Gutenberg bereits in China (1040 von Bi Sheng) erfunden, aber dort gesellschaftlich nicht so wirksam wie in Europa?[10] Wenn die Medientheorie gesellschaftstheoretisch und geschichtswissenschaftlich argumentiert, wird sie die Entwicklung, Durchsetzung und Stabilisierung von technischen wie auch kommunikativen Medien erklären können,[11] wird sie deren Eigenheiten auf die Spur kommen und wird sie für bestimmte kulturelle Epochen radikale Umbrüche durch neue Leitmedien feststellen können. Kein Medium setzt sich nämlich bereits völlig ausgebildet und streng kompensatorisch an die Stelle eines anderen; erst langsam entfaltet es seine eigenen Möglichkeiten und (Gebrauchs-)Funktionen.

Die Erfindung und Durchsetzung von Medien für gesellschaftliche Probleme folgt keiner logischen Steigerungskette und kennt kein fortschrittsoptimistisches Endziel. Vielmehr zeigt sich ihre Funktionalität oft erst mit Verzögerung und in Abwandlung von der Ursprungsidee. »Es gibt, allem Fortschrittsglauben zum Trotz, in der Mediengeschichte keine lineare oder kontinuierliche Entwicklung. Die Geschichte der Techniken ist ganz im Gegenteil eine Geschichte von Schnitten.« (Kittler 2002: 156)[12] Zur Beschreibung der Medienentwicklung und des Medienwandels bietet sich deshalb die Kategorie der *Revolution* wie auch jene der *Evolution* an. Im ersten Fall wird betont, dass es zwischen verschiedenen Medienerfindungen regelrechte Sprünge und geringe oder keine Abhängigkeiten gibt. Im zweiten Fall zielt die Analyse auf mediale Veränderungen als Prozessgeschehen von Variation, Selektion und Restabilisierung. Die Revolutionsformel eignet sich gut für die Makroperspektive, für die Einteilung in große mediale Epochen. Mediengeschichte ist dann eine Chronologie der Leitmedien. Dabei hat das jeweils neue Leitmedium keinen Kontakt zum vorherigen und keinen kausalen Ursprung in ihm. Die Stadien lauten: Mündlichkeit, (Hand-)Schriftlichkeit, Buchdruck, Fernseher und Computer/Digitalisierung. Jetzt ist es nur ein kurzer Schritt, um Gesellschaftsentwicklung und Medienrevolution miteinander zu verbinden. Wenn wir idealtypisch von einer dominierenden Gesellschaftsform, einer benennbaren Kulturära und einem Leitmedium ausgehen (beziehungsweise diese suchen), dann kommen wir zu einer Zusammenschau, wie sie in Tabelle 1 abgebildet ist (vgl. Tab. 1).

Tabelle 1: Leitmedien der Gesellschaft

Kulturära	Hochkultur 3000 v. Chr.	Renaissance 15. Jh.	Moderne 19./20. Jh.	Spätmoderne 20./21. Jh.
Gesell-schaftsform	Segmentäre Differenzie-rung; Zentrum/Peripherie	Strati-fikation; Klassen-gesellschaft	Funktionale Differenzie-rung	Funktionale Differenzie-rung
Medien-gattung	Symbol-Medien	Druck-Medien	Tele-Medien	Digital-Medien
Leitmedium	(Hand-)Schrift	Buch und Kupferstich	Fernseher	Computer
Primärfunk-tionen	Klassifizierung von Begriffs-gruppen (Göt-ter, Dynastien, Berufe, Tiere, Nahrung etc.); Entlastung des (dynastischen) Verwaltungs-apparates beziehungs-weise der Funktionäre	Speichern; Erinnern; Verbreiten	Vermitteln, Verbreiten; (elektroni-sche) Kom-munikation	Daten-speicherung; komplexe Daten-verarbeitung; (digitale) Kommuni-kation
Medien-ästhetik	Bild-/Symbol-zeichen (Skrip-tografie)	Typografie	Audio-visualität	Multimedia

Die Ausbildung immer komplexerer Gesellschaftsformationen wäre ohne neue Mediengattungen und ohne damit verbundene neue Kommunikationsstrukturen und Integrationsprinzipien nicht möglich gewesen – ohne Schrift keine Hochkultur, ohne Buchdruck keine Reformation und ohne digitalisierte Massenme-dien keine Weltgesellschaft. Obgleich der Revolutionsgedanke die Verbindungen zwischen den einschneidenden Leitmedien unter-bricht, ist dennoch zu berücksichtigen, »daß die Phasenfolge der Gesellschaftstypen und der Kommunikationsweisen nicht einfach als Prozeß der Verdrängung und der Substitution des einen durch das andere verstanden werden darf. Eher handelt es sich um einen

Prozeß des Hinzufügens von voraussetzungsvolleren Formationen, die dann die Bedingungen des Möglichen neu definieren und von da her umfunktionieren, was an älterem Strukturgut schon vorhanden ist.« (Luhmann 1981: 312)

Die *evolutionären Errungenschaften* (vgl. Parsons 1964; Luhmann 1985: 17ff. und 1997: 506ff.) neuer Produktions- und Verbreitungstechniken von Kommunikation lassen sich als Vergrößerungen eines »range of correspondences« (Spencer) verstehen. Fortan laufen die neuen Errungenschaften mit den alten Kommunikationstechniken parallel, nötigen zu einem Umstellungs- und Rekombinationszwang; und dies bedeutet, dass die gesellschaftlichen Strukturen »*unter Einschluß ihrer schon älteren Möglichkeiten rekonstruiert*« (Luhmann 1985: 20) werden. Mit der Erfindung von Schrift wird Mündlichkeit ebenso wenig obsolet wie das Buch mit der Erfindung des Computers. Vielmehr ergibt sich eine höhere Wahl- und Gebrauchsfreiheit an Kommunikationsmöglichkeiten, die sich wechselseitig entlasten, zu spezifischen Verfeinerungen führen und aus ihrem intermedialen Zusammenwirken[13] neue Anwendungen und Einsatzpunkte hervorbringen.

Gerade die Evolutionsformel eignet sich nun für die Mikroperspektive, für die detaillierte Analyse langsamer Medienabfolgen und intermedialer Neuformungen. Eine erste Betrachtung nur der Evolution der Medien- und Kommunikationstechnologien zeigt eine exponentielle Zunahme seit der Erfindung des Buchdrucks. Die Zeitabstände zwischen medialen Transformationen und Neuerfindungen werden immer kürzer (vgl. Abb. 2).

Die Evolutionstheorie sensibilisiert zudem stärker für Wechselwirkungsprozesse zwischen Medien und Gesellschaft. Noch Hegel räumt dem Technischen eine zeitliche wie logische Verursachung durch menschliche oder gesellschaftliche Bedürfnisstrukturen ein. Mittlerweile geht man besser von einem co-evolutiven Prozess aus. Gesellschaft verändert Medien; und Medien verändern Gesellschaft – teils geschieht dies allmählich, teils sehr abrupt. Fortwährend werden in einer gesellschaftlichen Kollektivanstrengung Medien generiert, repariert, adaptiert und transformiert; und fortwährend variieren die kulturellen Leit- und Begleitmedien unsere Wissens- und Symbolsysteme und die Produktion wie Auslegung von Sinn (vgl. Lévy 2001). Im positiven Sinne erleichtern die jeweils neuen

Medien(techniken) menschliche Wahrnehmungs-, Handlungs-
und Kommunikationsprozesse, entlasten das Gedächtnis, schaffen
Freiraum für Erfindungen und kreatives Lernen und erweitern die
Sphäre der Gemeinschaft in Richtung (Welt-)Gesellschaft. Spätes-
tens mit der Ära der Reproduktionsmedien (Fotografie, Film etc.)
werden ungeahnte Wahrnehmungsweisen ermöglicht wie auch
verborgene Wirklichkeiten (z.B. durch Zeitlupe, Zeitraffer, Rönt-
gen- oder Satellitenaufnahmen) sichtbar.»Man ist fortan versucht
zu sehen, was nicht aufgrund von subjektiver Erfahrung, sondern
nur aufgrund der Apparatewahrnehmung gewusst werden kann.
Entscheidend daran ist weiter, dass Aufmerksamkeit bzw. die Se-
lektivität der Wahrnehmung durch nicht-subjektive, externe Kom-
ponenten gesteuert wird.« (Hartmann 2003: 35)

Abbildung 2: Evolution der Medien- und Kommunikationstechnologie

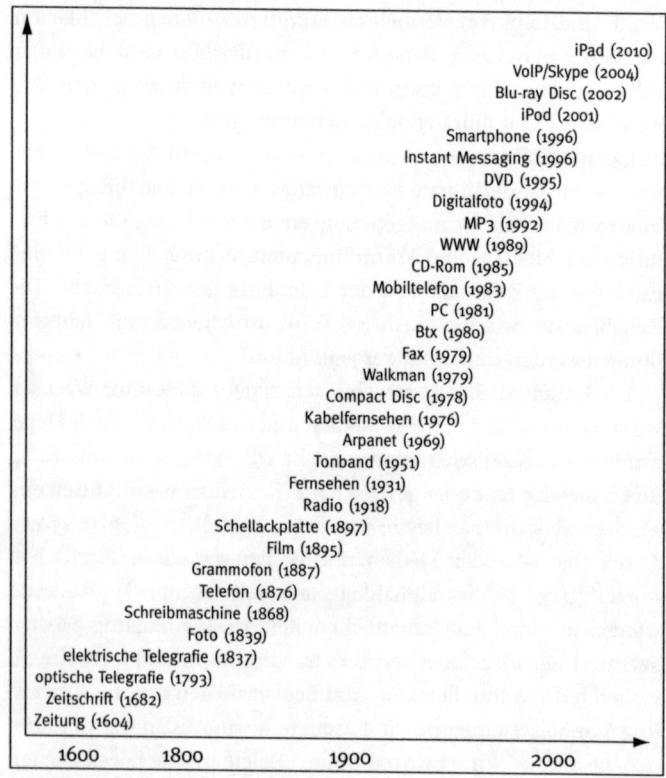

Wie genau und warum sich was entwickelt, kann zwar auch die Evolutionstheorie weder kausalgesetzlich erklären noch prognostizieren. Immer ist mit Zufall und kreativem Innovationspotenzial zu rechnen; und diese selbst bleiben unberechenbar. Des Weiteren sind jeweils besondere Gesetze beziehungsweise Mechanismen des Marktes und folglich unvorhersehbare (aber *ex post* beobachtbare) Wechselwirkungen und Selektionsstrategien zwischen Konkurrenz, technischer Spezialisierung, Beschleunigung und Konsumentenbedürfnissen zu berücksichtigen. Hinsichtlich der spätmodernen Rasanz von Medienevolution ist häufig ein Zusammentreffen von medien-/kommunikationstechnologischen Erfindungen und Innovationen festzustellen. Diese sind und bleiben keineswegs isoliert, sondern kondensieren geradezu örtlich in so genannten »Technopolen« und »Innovationsmilieus« (vgl. Castells 2001: 39f., 445f.). Prominente Beispiele sind Silicon Valley, Tokyo-Yokohama, Hongkong(-Shenzhen-Guangzhou-Macau), Mexico-City oder in Europa: Paris, London, München. Solche Innovationsmilieus tauschen ihre Erfahrungen und Erfindungen wechselseitig kumulativ aus, ziehen weitere Entwickler, Unternehmungen und Kapitalgeber an, lassen Ideen wie auch Arbeitskräfte zirkulieren und stabilisieren sich als globales soziotechnisches Netzwerk mit enormem Wertschöpfungspotenzial. Manuel Castells leitet aus entsprechenden empirischen Studien die Gesetzmäßigkeit ab, dass »die Transformation von Gesellschaften umso schneller vonstattengeht, je enger die Beziehung zwischen den Orten der Innovation, Produktion und Anwendung neuer Technologien ist. Desto stärker ist auch die positive Rückkopplung der sozialen Verhältnisse auf die allgemeinen Bedingungen weiterer Innovation.« (Ebd.: 40) Kurzum: ein Befund zur (r)evolutionären Wechselwirkung zwischen (Hoch-)Technologien, Gesellschaftsstrukturen und Medienkulturen.

Die Evolutionstheorie liefert uns also Beschreibungen, wie Entwicklung und Wandel rekursiv ablaufen und wie sich prinzipiell »geringe Entstehenswahrscheinlichkeit in hohe Erhaltungswahrscheinlichkeit transformiert« (Luhmann 1997: 414). Medientechnik und Medienfunktion unterliegen demnach einem kontinuierlichen Selektionsprozess und gesellschaftlichem Anpassungsdruck. Manche Funktion ist direkt auf die Lösung neuer

Probleme ausgerichtet (denen neue Probleme folgen, deren Lösung wiederum weitere Probleme aufwirft etc.); manche Funktion ist einer Technologie lediglich immanent und resultiert erst aus einer dauerhaft speziellen (Fehl- oder Zusatz-)Anwendung. Im Zuge der Erfindung und Innovation werden prototypisch frühere Erfindungen und etablierte Technikfunktionen miteinander kombiniert, sodass daraus neue Technologien und Gebrauchsmöglichkeiten entstehen. Auch im Prozess der gesellschaftlichen Implementierung und kulturellen Verwendung kommt es zu einer weiteren Transformation von (Medien-)Technologien, die häufig über die Optimierung des Bisherigen hinausgeht. Bis sich also ein Medium durch seine spezifische Nutzung dauerhaft – und gleichzeitig immer nur bis auf Weiteres – (re-)stabilisiert, gehen dem drei, alles andere als gradlinige oder vorhersehbare Entwicklungsmomente voraus (vgl. Hickethier 2003: 41; ähnlich Zielinski 1986): (a) Vorbereitung, (b) besondere Konfiguration und (c) gesellschaftliche Implementierung. Analytisch ist vor allem die Entdeckungs- und Vorbereitungsphase von der Implementierungs- und Innovationsphase zu unterscheiden (vgl. Tab. 2).

Tabelle 2: Erfindungs- und Implementierungsphase neuer Medien

	Entdeckungsphase und Verbesserung alter Medien	Innovationsphase und Emergenz neuer Medien(funktionen)
Druck	Verbesserung des Schreibens	Entwicklung serieller Presse
Elektrische Telegrafie	Verbesserung der optischen Telegrafie für staatliche und militärische Zwecke	Nachrichtenagenturen
Telefonie	Verbesserung der Telegrafie sowie Technik zur Musikübertragung	Privates und geschäftliches Korrespondenzmedium
Film	Neue Attraktion und Unterhaltung für das Varieté	Programmmedium mit Spielfilmen und Wochenschau

Radio	Verbesserung drahtgebundener Telegrafie	Rundfunk als Programm- und Vergemeinschaftungsmedium
Fernsehen	Verbesserung des (Bild-)Telefons	Kombination von Rundfunk und Bewegtbildern; Echtzeitmassenmedium
(Multimedia-) Computer	Erleichterung des Rechnens	Vielzweckinstrument der Datenverarbeitung, Datenspeicherung, technischen und sozialen Interaktion etc.

Quelle: Stöber 2004: 503

Mit diesem Schema werden nicht nur die intermediären Wechselwirkungen in den Vordergrund gerückt, sondern auch gesellschaftliche Begleitprozesse und Umformungen der Medien durch Gesellschaft berücksichtigt. Nicht ganz unproblematisch ist allerdings die oft implizit mitlaufende Annahme eines generellen *adaptive upgrading* der Massenmedien; und zur Legitimation dient das Riepl'sche Gesetz. Dieses besagt, dass Medien, nachdem sie »einmal eingebürgert und brauchbar befunden worden sind, auch von den vollkommensten und höchst entwickelten niemals wieder gänzlich und dauernd verdrängt und außer Gebrauch gesetzt werden«; sie werden sich stattdessen »neben diesen erhalten, nur daß sie genötigt werden, andere Aufgaben und Verwertungsgebiete aufzusuchen« (Riepl 1913: 5). Scheinbar hat dieses Gesetz auch für eine Vielzahl moderner Massenmedien und anderer Technologien Gültigkeit, gibt es doch in diesem Feld fortwährende Erweiterungen, Spezialisierungen und Optimierungen (vgl. auch die Diskussion bei Stöber 2003b: 243ff.). Bei genauerem Hinsehen ist jedoch Vorsicht geboten; verabsolutieren lässt es sich nämlich nicht. Nicht nur die Evolution biologischer Arten, sondern auch jene der Medien zeigt einen Verdrängungsmechanismus und ein ›Aussterben‹.

Wenn ein gesellschaftliches Problem verschwindet oder seine Lösung durch andere Medien optimiert wird, dann verschwinden auch die alten Medien von der gesellschaftlichen Benutzeroberfläche. Die Geschichte ist reich an solchen Fällen. Beispielswei-

33

se wird der Substanzwert von (Geld-)Währungen während der Entwicklung der Geldwirtschaft sukzessive verzichtbar und das Vertrauen in die Stabilität der Ökonomie anderweitig institutionalisiert und garantiert (Zentralbanken, Weltbank, Goldreserven, Währungsfonds etc.); und so zahlen wir weder mit einst wertvollem Salz noch mit Muscheln, Fellen oder Gold. In dem Maße, wie der Funktionswert den Substanzwert zurückdrängt, ersetzen moderne Geldscheine, Münzen und Kreditkarten vorgängige Zahlungsmittel. Oder weil die Post ihren Zielort per Flugzeug und Eisenbahn schneller erreicht, brauchen wir keine Postkutschen mehr.[14] Indem jeder individuell mit seinem ›Handy‹ telefonieren will und erreichbar ist, werden öffentliche Fernsprecher größtenteils überflüssig (vorgesehen sind sie noch für Touristen und dringliche Einzelfälle, in denen kein Mobiltelefon zur Hand ist). Und definitiv ausgestorben sind auch (bei aller Nostalgie, individuellem Sammlerwert oder musealer Aufbewahrung): *Camera obscura*, pneumatische Telegrafie, Schellackplatten, Beta-Video, Laser-Video-Disks u.a.m.

Wieder andere Medien verschwinden nicht, sondern bauen Spezialfunktionen auf oder aus. Mit den diversen Online-Informationsangeboten und der Erhöhung der Nachrichtensendungen im Fernsehen (teils auf Infotainment-Niveau) sind die Tageszeitungen noch lange nicht antiquiert und überflüssig. Natürlich hängen sie im Aktualitätswettbewerb hinterher. Aber diesen Nachteil der Zeitdimension kompensieren sie in der Sachdimension. Die einen Redaktionen verstärken ihren Lokalteil und informieren breit und kompetent über das Gemeinschaftsleben vor Ort. Die anderen intensivieren ihren »Qualitätsjournalismus« und wissen mit reflektierten Kommentaren zu aktuellen Ereignissen sich abzuheben oder mittels ausführlicher Recherchen (»investigativer Journalismus«) über Sachverhalte, Krisen und Skandale aufzuklären.

Zur nochmaligen Erinnerung und Vertiefung ist den Beispielen in je verschiedener Weise abzulesen, dass erstens die Funktionen von Medien immer spezialisierter werden und dass zweitens erst der gesellschaftliche Umgang den Medien entweder ihre besondere Funktion zuweist oder sie vernachlässigt, verdrängt und vergisst.[15] »Das Wissen über die Mediengeschichte muss mit dem

Umstand rechnen, dass sich neue Medien keinesfalls von selbst durchsetzen, etwa kraft ihrer technischen Funktionalität. Die Versprechungen der Medien und ihre Funktionen unterliegen immer schon einem kulturellen Auswahlprozess, in dem auch diskursiv verhandelt wird, was Erfolg verspricht. Anders gesagt: Wenn Medien Wunschmaschinen sind, müssen sie ihre Wünsche und sogar die Wunschstruktur erst einmal hervorbringen, die dann ›Nutzen‹ und ›nützlich‹ heißt. Sie oder er, Wunsch oder Nutzen, werden sich gegen die oppositionelle Kritik und Beschwörung der Gefahr durchsetzen müssen und das Medium wird – auf Dauer – eine Normalisierung mittels Optimierung von Technik wie mittels Sozialisierung angepasster Kulturtechniken entwickeln.« (Bickenbach 2004: 120) Im Resümee folgen Medienwandel, Medienbeobachtung und Mediengebrauch der konstanten Formel: Erst das Gloria, dann die Verdammung – und zwischendrin einige Fehlleistungen.

Weil Nutzen und Funktion erst aus dem Gebrauch resultieren, erfordert dieser eine entsprechende Kompetenz, die nach und nach zu erlernen ist. Kinder müssen lernen, dass Personen im Fernsehen nicht synchron reagieren können und mit diesen keine direkte Interaktion möglich ist. Ältere Generationen müssen für einen vielseitigen Umgang mit dem PC lernen, dass er mehr als eine komfortable Schreibmaschine ist und wie man entsprechende Software zu verwenden hat.[16] Fehlleistungen und Schwierigkeiten gab es auch im Umgang mit dem um 1840 hochgradig normierten Postverkehr. Nicht jeder identifizierte umstandslos (Säulen-) Briefkästen als einzigen »Standard-Input«, sondern vielen galten auch Hydranten oder Kellerfenster, prinzipiell: jeder öffentlich zugängliche Spalt, als Anschlussort und Beförderungsbefehl für Postsendungen (vgl. Siegert 1993: 121ff.). Einstmals musste ebenso der Umgang mit dem Telegrafen eingeübt werden – vor allem »the new electrical jargon« sorgte für viele Missverständnisse und falsche Erwartungen (vgl. Standage 1998: 64ff.). Einige glauben, dass die Leitungen hohl sind und die ausgefüllten Telegrafierzettel durchgeschossen oder von leibhaftigen Boten durchgetragen werden. Nach einer Anekdote aus dem Jahre 1870 betritt eine Frau in Karlsruhe ein Telegrafenamt und will ihrem Sohn, der sich im Krieg gegen die Franzosen befindet, eine Schüssel Sauerkraut schicken. Auf die Antwort eines Angestellten, dass keine Objekte übertragen werden können, erwidert die Frau: »Wie konnten denn sonst so viele Soldaten telegrafisch nach Frankreich entsendet werden?« Ebenso sorgt der Empfangsort für Verwirrung. Die einen füllen ihr Telegramm mehrmals aus, bis es leserlich ist und beim Empfänger keinen schlampigen Eindruck hervorruft. Andere verweigern den Empfang, weil sie nicht die authentische Handschrift des Absenders identifizieren.

Mit Vilém Flusser (vgl. 1991) gesprochen, nötigen die verschiedenen Medien dem Menschen spezifische (symbolische) Körperbewegungen – kurz: Gesten – auf. Konkrete Gesten ermöglichen erst die Verwendung des Mediums und eine erfolgreiche Kopplung zum Zweck des Medienhandelns oder gemeinschaftlicher Kommunikationsprozesse: die Finger- und Handbewegungen beim Telefonieren (einst Kurbel, dann Wählscheibe, heute Tasten), die Hand/Auge-Koordination beim Bedienen von Maus, Tastatur oder Touchscreen und beim Gebrauch von Fotoapparat oder Videokamera, die Körperbewegungen bei Computersimulationsspielen. Andere Gesten wiederum ermöglichen eine wirkungsvolle Negation des Mediums: das Ausschalten des Fernsehers (mittels Fernbedienung), Computers, Radios oder das brutale Abbrechen eines Telefonats durch das Auflegen des Hörers oder ›Wegdrückens‹ der Verbindung. All diese vielen und neuen Gesten sind Chiffren kultureller Umbrüche, neuer Formen menschlicher Existenz und medialer Souveränität.[17] Erst Mediengeschichte – und vor allem eine soziologisch motivierte Mediengeschichte – macht diese sichtbar.

> *Zu den seltsam hartnäckigen Paradoxien*
> *der Medienkritikgeschichte zählt es, daß die*
> *Enthusiasten der guten alten Medien regelmä-*
> *ßig zu den Heroen der Kritik an den jeweils*
> *jüngsten Medien werden – und dabei häufig*
> *sogar vergessen machen wollen, daß auch sie*
> *Medien huldigen. (Hörisch 2001: 111)*

Kritik bedeutet Reflexion des Seienden mit Intention zur Veränderung. Kritik prüft und fällt Urteile. Kritik ist immer Kritik *an etwas* (Sachverhalt, Text, Handlung), *von jemandem* (Perspektive) und *mit ausgewiesenen Kriterien* (Gründe). Ursprünglich stammt sie aus dem Feld der Rechtsprechung und Gerichtsbarkeit. Alsdann will Kritik der Aufklärung zu ihrem Recht verhelfen und jeden und alles auf humanistische Universalwerte der Gerechtigkeit, der Freiheit, des Guten, Wahren und Schönen verpflichten. Und schließlich kommt es zu einer Generalisierung, die vor keinem Vergesellschaftungsbereich, vor nichts und niemandem mehr Halt macht. Mit dieser Wende erfasst Kritik auch die Medien; und langsam wird Medienkritik selbst zu einem eigenen Genre.

Mit jeder Veränderung der Technik, der Sachinhalte und der sozialen Einflussnahme oder Wirkung von (Massen-)Medien tauchen fast gleichzeitig ihre Mahner und die Wächter des Bestehenden auf. An erster Stelle ist hier an Platons Schriftkritik im Rahmen des »Phaidros«-Dialogs zu erinnern. Er ergreift dezidiert Partei für die etablierte mündliche Rede und Rhetorik, genauerhin: für den argumentierenden und wahrheitsfähigen Logos beziehungsweise Dialog. Die neuartige Schriftkultur entfernt dagegen von der Wahrheit und ist unernst; einzig oder sehr wohl aber (je nach Perspektive) ist sie ein Spiel. Konkret erzählt Sokrates vom Hörensagen (!), wie Theut – schon bekannt als Erfinder der Zahl, Geometrie, Astronomie und diverser Spiele – seinem König Thamus, Herrscher über ganz Ägypten, die Schrift anpreist: Diese werde alle weiser und gedächtnisfester machen. Thamus' Kritik folgt auf den Fuß: »[D]er eine ist imstande die Künste hervorzubringen, ein anderer, zu beurteilen in welchem Verhältnis Schaden

37

und Nutzen sich verteilen werden für die Leute, die sie brauchen sollen. Auch du hast jetzt als Vater der Schrift, aus Voreingenommenheit das Gegenteil von dem angegeben, was sie vermag. Denn diese Kunst wird Vergessenheit schaffen in den Seelen derer, die sie erlernen, aus Achtlosigkeit gegen das Gedächtnis, da die Leute im Vertrauen auf das Schriftstück von außen sich werden erinnern lassen durch fremde Zeichen, nicht von innen heraus durch Selbstbesinnung. Also nicht ein Mittel zur Kräftigung, sondern zur Stützung des Gedächtnisses hast du gefunden. Und von Weisheit gibst du deinen Lehrlingen einen Schein, nicht die Wahrheit: wenn sie vieles gehört haben ohne Belehrung, werden sie auch viel zu verstehen sich einbilden, da sie doch größtenteils nichts verstehen [...], zu Dünkelweisen geworden und nicht zu Weisen.« (Platon 1993: St. 274f.) Das innere Seelenleben und zuverlässige eigenständige Denken (auf der Basis des Gedächtnisses) werden favorisiert gegenüber der schriftlichen Externalisierung von Gedanken und Erinnerung, die jeden träge und unkritisch macht und immer wieder aufs Neue Zweifel produziert.

Sokrates selbst setzt noch nach: Eine individuelle *Spielerei* sei die Schrift, die dem gemeinsamen Entfalten der Wahrheit ebenso zuwiderläuft wie der geselligen Unterhaltung. Das grundsätzlich Bedenkliche aller Schriftstücke aber sei (vgl. ebd.: St. 275), dass man glauben möchte, sie haben Vernunft und sprechen einen an. Auf Rückfragen jedoch schweigen sie und zeigen immer nur dasselbe an. Zudem beginnen sie, ein Eigenleben in anderen Kontexten zu führen, ohne dass sich steuern ließe, wen es etwas angeht und wen nicht. Schlussendlich helfen – hier handelt es sich um ein generelles pädagogisches Problem der Wissensvermittlung, Textauslegung und Rezipientensteuerung – kann dann wieder nur der Urheber des Schriftstücks selbst. Kurz: Schrift isoliert von Gemeinschaft, entfremdet von den wahren Ideen, verführt zu Scheinwissen, forciert Missverständnisse und – wird man, modern gesprochen, ergänzen können – produziert Textmassen, die jegliche individuelle Rezeptionskraft um ein Vielfaches übersteigen und wiederum das Vergessen statt ein Erinnern befördern. Diesem Kapazitäts- und Selektionsproblem werden neue Medienerfindungen nachhelfen, aber auch diesen wird zügig ein kritischer *Antimedialismus* (Hörisch) mit Abschätzung begegnen.[18]

Durch die neuere kritische Medientheorie zieht sich eine Linie, die, mit Freud (1999: 6ff.) gesprochen, von den kulturhistorischen, narzisstischen *Kränkungen* des Menschen herrührt. Zuerst drängt die kopernikanische Wende den Menschenort aus dem Zentrum des Weltalls: kosmologische Kränkung. Danach nimmt Darwin dem Menschen seinen exponierten Status als göttliches Geschöpf und reiht ihn in eine evolutionäre Abfolge der Tierwelt ein: biologische Kränkung. Mit Freud verliert der größensüchtige Mensch schließlich als Triebwesen die Souveränität seines Willens und über sein Seelenleben: psychologische Kränkung. Und heutzutage haben wir es mit einer vierten Kränkung zu tun: der *medialen*. Seit dem 19. Jahrhundert erlebt der Mensch den zunehmenden Verlust seiner natürlichen Körpereinheit und exklusiven Wahrnehmungswelt durch mediale Technologien und eigenständige Wirklichkeitsfassungen im Feld der Massenmedien (vgl. Schneider 2000: 37f. und Hartmann 2003: 27). Die Verteidiger der Aufklärung wollen diese mediale Kränkung nicht hinnehmen und den (Massen-)Medien weder die Gestaltung von Geschichte und Gesellschaft noch die Selbstwerdung des Menschen überlassen. Die Exklusivität wissenschaftlicher und intellektueller Vernunft gilt es (verbissen) zu bewahren.

Eng damit verbunden zieht sich eine andere Linie durch die kritische Medientheorie, die die menschlichen Sinne und die bewusste Urteilskraft des Menschen schärfen will gegenüber der Autonomie und Ideologie von Medienapparaten, Medienprodukten und Medienwelten. Gegen ein umstandsloses Konsumieren und Akzeptieren der Medien(inhalte) sind die Zwecke, Ideologien und Strategien der Medienindustrie zu entschleiern und sind der effektiven massenhaften Konditionierung wie auch dem Niedergang der (Hoch-)Kultur warnende Worte entgegenzusetzen.

Jede mediale Innovation inauguriert ihren eigenen Diskurs, bedeutet den einen lobenswerter Fortschritt, den anderen Untergang der Kultur und Ende des Humanismus.[19] »Zwischen kulturkritischem Sagen vom Ende einer Kultur und der Affirmation neuer möglicher Welten, zwischen apokalyptischen und adventistischen Diskursen, hat sich die Durchsetzung und Etablierung neuer Medien stets mit selbstähnlichen Figuren und Diskursen der Ablehnung und der Affirmation wiederholt. Mittlerweile gilt das sichtbar gewordene Muster selbst als Topos.« (Bickenbach 2004: 114) Die Medienkritik hat sich also institutionalisiert und geht munter ihrem selbstreflexiven Geschäft nach: Mit Medien und in den Massenmedien wird gegen (Massen-)Medien opponiert. Welchen Bereich Medienkritik angreift und wie sie dabei vorgeht, verläuft sehr unterschiedlich. Sie kann gegen Medientechnologie im Allgemeinen oder mediale (Kultur-)Produkte und Sendeformate im Einzelnen gerichtet sein, gegen die Produktions- und Distributionsstrukturen von Medienunternehmungen, gegen das Prinzip der Aufmerksamkeitsökonomie schlechthin oder einige spezielle, im Glanz der Aufmerksamkeit sich sonnende Prominente, Stars und Starlets sowie gegen Medienpolitik oder journalistische Medienethik. Allen Medienkritiken ist gemeinsam, dass sie eine fundamentale Paradoxie aufbauen. Sie opponieren gegen das, was ihnen ihre Kritik ermöglicht und sie zu verbreiten hilft. Platons Replikation von Sokrates' Schriftkritik ist selbst schriftlich fixiert. Adorno paktiert mit der Kulturindustrie, um seine kritischen Worte und seine Erziehungsideale zu neuer Mündigkeit im Rundfunk zu verbreiten. Bourdieu spricht im Fernsehen gegen das Fernsehen. Wissenschaftliche, intellektuelle oder journalistische Medienkritik ist im Widerspruch gefangen zwischen Ermöglichung (durch Medien) und Beobachtungspraxis (der Medien). Ihre Berechtigung ist damit aber keineswegs in Zweifel zu ziehen.

Drei prominenten kritischen Medientheorien gilt jetzt die weitere Betrachtung: Horkheimer/Adorno, Anders und Bourdieu. Gemeinsam ist ihnen – über den Gegenstandsbereich hinaus –, dass alle drei an einer Sichtbarmachung des Unsichtbaren oder des allzu selbstverständlich Gewohnten arbeiten und dass sie aus ihrer Kritik entsprechende Handlungsalternativen und Interventionsdirektiven ableiten und vorschlagen. Unterschiedlich sind allerdings die drei Theorieansätze selbst: kritische Gesellschaftstheorie versus Phänomenologie und negative Ontologie versus Sozialtheorie als Feld- und Strukturtheorie.

1. Kritik der Kulturindustrie (Horkheimer/Adorno)

Es ist das zentrale Anliegen von Max Horkheimer (1895-1973) und Theodor W. Adorno (1903-1969) – den beiden großen Denkern und Koryphäen der *Frankfurter Schule* –, u.a. im Geiste Kants und Marx' *Aufklärung* des Menschen über bestehende Verhältnisse und sein Bewusst-Sein zu leisten, *Kritik* zu üben am bestehenden Sein, an dem, was die Gesellschaft im Innersten und geschichtlichen Werden zusammenhält, um eine bessere Zukunft und bessere Gesellschaft zu ermöglichen, sowie schließlich Position zu beziehen für Freiheit und wahre Humanität. Aufklärung dient deshalb der ›Entzauberung‹ der Welt, der Abschaffung von Mythen, der Ersetzung von Einbildung und Glauben durch Wissen und damit letztlich der uneingeschränkten Bewusstwerdung und souveränen Mündigkeit des modernen Menschen (bei gleichzeitiger Beseitigung seines fortwährenden Leidens). Die programmatische Formel lautet: ›Jedes Erkennen des Falschen führt immer schon den Index des Richtigen und Besseren mit sich!‹ Bei aller stetigen Entzauberung, Rationalisierung und Technisierung der modernen Welt hegt die *Frankfurter Schule* einerseits die Hoffnung auf einen Bruch, eine Zäsur im Kontinuum der (Gesellschafts-) Geschichte und verfolgt andererseits das Anliegen zu zeigen, wie wenig die Welt tatsächlich rationalen Prämissen und Kriterien folgt und dass letztlich die vernünftige Aufklärung selbst einen Mythos bilde. Sehr grundsätzlich bleibt die *Frankfurter Schule* der Vernunftidee gegenüber äußerst kritisch eingestellt; denn fortwährend besteht die große Gefahr, dass die Vernunft für Machtbeziehungen und als ideologischer Erfüllungsgehilfe technologischer Herrschaft missbraucht werde. Nicht zuletzt die Produkte der Kulturindustrie prägen jedem ihre eigene Vernunft und genormte, versachlichte Verhaltensweisen auf: »[M]it der Versachlichung des Geistes wurden die Beziehungen der Menschen selber verhext, auch die jedes Einzelnen zu sich. Er schrumpft zum Knotenpunkt konventioneller Reaktionen und Funktionsweisen zusammen, die sachlich von ihm erwartet werden. Der Animismus hatte die Sache beseelt, der Industrialismus versachlicht die Seelen.« (Horkheimer/Adorno 1981: 45)

Die *Kritische Theorie* ist ein Konglomerat von Philosophie und Soziologie; und mit den dabei zur Verfügung stehenden Theoriemitteln will sie den Menschen über die repressiven, entfremdenden Strukturen der Gesellschaft aufklären, die massenhaften Gleichschaltungsprozesse der Bewusstseine aufdecken, zum Widerstand gegen spätkapitalistische Ökonomie und Kulturindustrie aufrufen und für eine neue Mündigkeit eintreten respektive diese installieren. Wesentlich geht es der *Kritischen Theorie* mit diesem Aufklärungsprogramm auch darum, dass ein totalitäres Hitler-Deutschland für alle Zukunft verhindert werde und ein dem Holocaust ähnliches Szenario sich nie wieder ereigne. Kurz vor seinem Tod hat Adorno in einem Radiogespräch mit Hellmut Becker – wie an vielen anderen Stellen auch – betont: »Hitler hat den Menschen im Stande ihrer Unfreiheit einen neuen kategorischen Imperativ aufgezwungen: ihr Denken und Handeln so einzurichten, dass Auschwitz nicht sich wiederhole, nichts Ähnliches sich ereigne.«

Zwischen 1942 und 1944 arbeiten Horkheimer und Adorno im amerikanischen Exil an der »Dialektik der Aufklärung«. Zuerst erscheint dieses kultur- und gesellschaftskritische Werk unter dem Titel »Philosophische Fragmente« als mimeografierter Band, dann 1947 beim Amsterdamer Verlag Querido, aber erst 1969 wird ihm mit der Neuausgabe beim Frankfurter S. Fischer Verlag eine breite Beachtung und nachhaltige Wirkung zuteil. Eines der daraus meistgelesenen Kapitel ist jenes – maßgeblich von Adorno geschriebene und später mit dem Anhang »Das Schema der Massenkultur« versehene – über die Kulturindustrie und ihren Betrug an den Massen (siehe dazu ausführlich: Kausch 1988, und im Kontext der Musiksoziologie Adornos: Steinert 2003).

Anfänglich dient die Semantik der »Massenkultur« als zentraler Terminus. Diese bedient sich charakteristischerweise der Techniken mechanischer Reproduktion und vervielfältigt und standardisiert dadurch ihre (Unterhaltungs-)Produkte. Massenkultur hat damit definitiv nichts mit einer aus den Massen selbst aufsteigenden (Volks-)Kunst zu tun. »Im spätindustriellen Zeitalter bleibt den Massen nichts als der Zwang, sich zu zerstreuen und zu erholen, als ein Teil der Notwendigkeit, die Arbeitskraft wiederherzustellen, die sie in dem entfremdeten Arbeitsprozeß verausgabten. Das allein ist die ›Massenbasis‹ der Massenkultur. Auf ihr erhebt sich die mächtige Vergnügungsindustrie, die immer neue Bedürfnisse produziert, befriedigt und reproduziert. [...] Alle Kunst, als Mittel, Freizeit auszufüllen, wird zur Unterhaltung, während sie zugleich Stoffe und Formen der traditionellen autonomen Kunst als ›Kulturgüter‹ in sich hineinzieht« (Adorno/Eisler 1997: 11; siehe ergänzend auch Maase 1997). Um also Missverständnissen vorzubeugen, haben Adorno und Horkheimer sich dann anstelle des ideologischen und höchst anti-demokratischen Begriffs der Massenkultur für jenen anti-populistischen der »Kulturindustrie« entschieden (vgl. Adorno 1997: 337f.).

Zum System der Kulturindustrie gehören alle Kunst- und Kulturgüter, die Massenmedien (Zeitung, Magazine, Rundfunk, Film und Fernsehen) und die Agenturen der Kulturverbreitung (Theater, Museen, Buchmarkt, Sportwesen, Filmkonzerne und Fernsehanstalten etc.). Der ganze Apparat der Kulturindustrie ist zuständig und verantwortlich für die gesellschaftliche Sinnvermittlung und die soziale Integration der modernen Individuen. Eng verflochten mit dem Auftreten und den Produkten der Kulturindustrie sind: Effekte der *Halbbildung* und der *Pseudorationalität*. Eine zentrale Frage von Horkheimer und Adorno lautet: Was macht die Kulturindustrie mit den Menschen? Und zugleich ist diese Frage bereits im Vorhinein entschieden: Sie unterdrückt, entfremdet, sorgt für Amüsement und Verdummung und legitimiert wie unterstützt letztlich die bestehende Ideologie und die spätkapitalistischen Verhältnisse. Eigentlich lautet die Frage deshalb: Wie macht und schafft die Kulturindustrie dies? Und: Wie kann dem fundamental entgegengewirkt werden?[20] Horkheimer und Adorno betreiben mit Bezug auf den Waren- und Verblendungscharakter der Kulturindustrie nicht nur eine Kulturkritik im engeren Sinne, sondern gleichzeitig und darüber hinaus eine an der Kulturindustrie verdeutlichte Gesellschaftskritik.

Die Kulturindustrie hat einen Schematismus aufgebaut, der gerne technologisch (v)erklärt wird. Ihre Massenprodukte würden keinen von der Teilhabe ausschließen, seien unterschiedslos von allen erwerbbar und würden ganz und gar den verschiedenen Bedürfnissen der Konsumenten entsprechen: Für jeden ist etwas vorgesehen. Dahinter steckt jedoch erstens ein Prinzip der totalen Angleichung – bedingt wie begünstigt durch Serienproduktion:

»Kultur schlägt heute alles mit Ähnlichkeit.« (Horkheimer/Adorno 1981: 141) Diese Ähnlichkeit ist ästhetischer wie auch funktionaler Natur. Die Unterschiede in der Produktpalette der Automobilindustrie sind ebenso minimal wie jene der Innenarchitektur und Möbelindustrie oder von Pop-Bands oder Nachrichtenmagazinen. Der Massenproduktions- und Massenvergnügungsbetrieb bildet ein einheitliches System aus, in dem bestimmte Teile auf andere verweisen, sich wechselseitig unterstützen und alle zusammen harmonieren.[21] Zweitens zeigt der kulturindustrielle Schematismus eine besondere Machtkonzentration: Technik bestimmt Prozesse und Strukturen der Gesellschaft, und alle modernen Technologien sind wiederum in den Händen der ökonomisch Stärksten in der Gesellschaft. So kontrollieren einige wenige den »Zirkel von Manipulation und rückwirkendem Bedürfnis« (ebd.: 142) und die (ideologische) Belieferung mit Hits und Schlagern, Stars und Sternchen, Soaps und Serien, Stereotypen und Klischees. Zu rechtfertigen ist dies weder mit dem Argument, es gehe um ökonomischen Profit statt um Kunst; denn die »Wahrheit, daß sie nichts sind als Geschäft, verwenden sie als Ideologie, die den Schund legitimieren soll, den sie vorsätzlich herstellen« (ebd.). Noch ist dies mit dem entschuldigenden Argument zu rechtfertigen, sie dienen der Entlastung und Zerstreuung der Konsumenten; denn solcher Art sind Freizeit(angebote) und Unterhaltung die Verlängerung der Arbeit unter anderen Bedingungen. Unterdrückt werden autonome Ziele und Bedürfnisse, diszipliniert wird die Erholung, um bestmöglich und angepasst die erwartete Arbeitsleistung zu erbringen.[22] Diese Rechtfertigungsstrategien sind also selbst ideologischer Natur, Teil der Kulturindustrie und legitimieren das System durch das System selbst.

Die Erfassung der Welt durch die Kulturindustrie wirkt total. Es gibt nichts, was nicht in ihre Produktion Eingang findet; und es gibt nichts, was der Rezipient oder Konsument noch hinzufügen oder selbst an denkender Interpretationsleistung erbringen müsste. Das führt zur »Verkümmerung der Vorstellungskraft und Spontaneität des Kulturkonsumenten« (ebd.: 148) und zur widerstandslosen, konformistischen Annahme der für alle standardisierten Kulturgüter. Diese Produktions- und Rezeptionspolitik erlaubt einige Rückschlüsse auf den spezifischen Stil der

Kulturindustrie. Alles wird klassifiziert, katalogisiert und als Einheitsbrei mechanisch reproduziert. Für Brüche, Disharmonien oder Unvollkommenheit ist kein Platz mehr – jene Insignien und Werkeigenschaften einst autonomer Kunst. »Was widersteht, darf überleben nur, indem es sich eingliedert. Einmal in seiner Differenz von der Kulturindustrie registriert, gehört es schon dazu [...]. Nicht umsonst stammt das System der Kulturindustrie aus den liberalen Industrieländern, wie denn alle ihre charakteristischen Medien, zumal Kino, Radio, Jazz und Magazin, dort triumphieren. Ihr Fortschritt freilich entsprang den allgemeinen Gesetzen des Kapitals.« (Ebd.: 153f.) Und weiter: »Ihr Sieg ist doppelt: was sie als Wahrheit draußen auslöscht, kann sie drinnen als Lüge beliebig reproduzieren.« (Ebd.: 157) Die spätkapitalistische Ökonomie und die Medientechniken der Speicherbarkeit und massenhaften Vervielfältigung haben der Kunst den Charakter des (öffentlichen) Ereignisses und Auratischen genommen. Vergangen ist damit auch die regulative (bürgerliche) Idee der Kunstrezeption im Modus des interesselosen Wohlgefallens und der angemessenen Distanz bei gleichzeitig höchster Anspannung gegenüber dem Werk. Die Kulturindustrie produziert nichts Fremdes und vermeidet Distanz, sodass sich alle bequem fügen können und der oberflächlichen Pracht folgen.

Eine zentrale Funktion der Kulturindustrie ist privates Amüsement, Vergnügen, das ablenkt und keiner Anstrengung bedarf. Das gesellschaftliche Problem ist dabei weniger, dass mit vielen Mitteln Vergnügen produziert wird und für den Zuschauer das Amüsement breitenwirksam und Schichten übergreifend organisiert wird. Das kritische Moment besteht darin, dass solches Vergnügtsein erstens Kunst und Utopie lähmt sowie zweitens immer auch *Einverstandensein* mit den gesellschaftlichen Verhältnissen und Machtkonstellationen heißt. Es sollen gar keine Alternativvorstellungen eines anderen Lebens mehr aufkommen, und deshalb wird mit der Fusion von Kultur und Unterhaltung die Zukunft immer wieder nur zum Ausgangspunkt des gewohnten Alltags zurückgeführt. Das Denken des gänzlich Anderen wie die Möglichkeit des Besseren wird organisiert unterdrückt. »Vergnügen heißt allemal: nicht daran denken müssen, das Leiden vergessen, noch wo es gezeigt wird. Ohnmacht liegt ihm zu Grunde. Es ist in der Tat Flucht, aber nicht, wie es behauptet, Flucht vor der schlechten Realität, sondern vor dem letzten Gedanken an Widerstand, den jene noch übriggelassen hat. Die Befreiung, die Amusement verspricht, ist die von Denken als Negation.« (Ebd.: 167)

Zuletzt bestimmt auch noch die Kulturindustrie selbst, wen sie mit Erfolg oder Glück bedenkt. Der Zufall wird strategisch geplant und den Gesetzen der Kulturindustrie untergeordnet. Talentscouts filtern aus der Masse potenzielle Stars; und Journalisten, Redakteure und Manager entscheiden, wem wie lange Medienaufmerksamkeit zukommt und die Kapitalsteigerung an Prominenz vergönnt ist – und trickreich genug wird jeweils das Publikum eingebunden, um den Anschein zu erwecken, es handle sich dabei um einen demokratischen Prozess. Im Grunde hat jeder Zuschauer dieses Spiel längst durchschaut, macht aber trotzdem mit und freut sich noch für jene (an deren Stelle ja prinzipiell auch er hätte sein können), die mit Glück und Halbwissen im Fernsehen eine Million Euro, mit ein bisschen Stimme und viel Fleiß einen Plattenvertrag oder mit etwas überdurchschnittlichem Aussehen eine Modelkarriere gewinnen.[23] »Die Kulturindustrie hat den Menschen als Gattungswesen hämisch verwirklicht. Jeder ist nur noch, wodurch er jeden anderen ersetzen kann: fungibel, ein Exemplar. Er selbst, als Individuum, ist das absolut Ersetzbare, das reine Nichts.« (Ebd.: 168) Die Rationalität und das ökonomische Interesse der Massenmedien und Kulturindustrie verdinglicht und instrumentalisiert das Publikum auf den Status von Kunden und Angestellten, und indem das Publikum folgsam mitmacht, bestätigt es wiederum eben diesen Objektstatus und dient der kulturindustriellen Reproduktion äußerst funktional.

»In einem freilich läßt die ausgehöhlte Ideologie nicht mit sich spaßen: es wird gesorgt. ›Keiner darf hungern und frieren; wer's doch tut, kommt ins Konzentrationslager‹: der Witz aus Hitlers Deutschland könnte als Maxime über allen Portalen der Kulturindustrie leuchten.« (Ebd.: 172) Wer sich fügt, dem wird Fürsorge zuteil: durch Betriebe, Klubs und Verbände ebenso wie durch Fernsehserien, Ratgebersendungen und Reality-TV. Keiner wird vergessen, für jeden ist ein Format dabei, und alle können nach oder in den schematisierten, pseudoindividuellen Vorbildern ihr Glück finden. Ein großer Dank gilt den Heroen und Weltenrettern der Hollywoodspektakel, den verständnisvoll zuhörenden Moderatoren der *daily-talk*-Sendungen, den Produzenten und Mimen der Soaps, Professor Brinkmann, Dr. Sommer, Schwester Stefanie, Harry und Toto und all den anderen tüchtigen Wohltätern und Menschenverstehern.

Der umfassenden Fürsorge der Kulturindustrie korreliert eine totale Vereinnahmung von Kunst und Kultur als Waren durch die moderne Geldwirtschaft. Während die autonome Kunst noch zu Zeiten der bürgerlichen Gesellschaft ihren eigenen (Stil-)Gesetzen gehorcht, ersetzt die Maxime der Verwertbarkeit die zweckfreie Produktion und unangestrengte (genießende) Wahrnehmung. Auch dem Genuss muss noch ein Zweck abverlangt werden, und sei es eben jener der disziplinierten Entspannung von Alltagsrationalitäten und Arbeitsanstrengungen. Schlussendlich gibt es keine Kultur mehr außerhalb der Warenform, und als solche kann sie jedermann erwerben. Deshalb »werden von der Kulturindustrie die Kunstwerke, wie politische Losungen, entsprechend aufgemacht, zu reduzierten Preisen einem widerstrebendem Publikum eingeflößt, ihr Genuß wird dem Volke zugänglich wie Parks« (ebd.: 183). Es kommt sukzessive zu einer Abschaffung des Bildungsprivilegs, was ja prinzipiell zu begrüßen wäre. Nur untersteht dieses dem neuen Gesetz der Anpassung auf niedrigstem Niveau und des Ausverkaufs auf billigstem Niveau. Der Einzug all der Drucke von Kandinsky, Dalí, Warhol und Konsorten in die Einheitswohnzimmer fröhlich angepasster Industrienationen ist dafür nur ein Ausdruck. Das entsprechend kunstverständige Hintergrundwissen tendiert gegen Null, die Zweckmäßigkeit ohne Zweck in der Rezeption von Kunst wird vergessen, und der Tauschwert ist (und nivelliert) alles. Auch Kunst – und nicht zuletzt damit verkommt sie zur Ware – soll noch dem Letzten zur Unterhaltung und Entspannung dienen, soll verwertbar sein: »[A]nstelle des Genusses tritt Dabeisein und Bescheidwissen, Prestigegewinn anstelle der Kennerschaft.« (Ebd.: 181) Auf gleicher Ebene anzusiedeln ist, wenn ein Elektronikmarkt durch die Lautsprecher der Massenmedien die Maxime verbreitet: »Ich bin doch nicht blöd!« oder: »Geiz ist geil!«, und jeder gleichermaßen sich am trügerischen Ausverkauf beteiligen darf wie auch am munteren Wiederholen dieser *totalitären Parole* teilnimmt. »In der Kulturindustrie verschwindet wie die Kritik so der Respekt: jene wird von der mechanischen Expertise, dieser vom vergeßlichen Kultus der Prominenz beerbt. Den Konsumenten ist nichts mehr teuer. Dabei ahnen sie doch, daß ihnen um so weniger etwas geschenkt wird, je weniger es kostet.« (Ebd.: 184)

Im Verbund mit Reklame verdinglicht die Kulturindustrie alles und jeden, reduziert die Persönlichkeit auf Äußerlichkeiten (strahlend weiße Zähne, trockene Achseln, guter Geruch, gepflegte Schuhe, teure Armbanduhr etc.) und propagiert den Zwang zur fortwährenden mimetischen Anpassung – alles unter der absurden Parole:»Especially for You!« (Ebd.: 318) Anpassung ist es denn auch, die an die Stelle eines kritischen Bewusstseins tritt. So unterminiert die Kulturindustrie im Gesamteffekt Wahrheit, Verantwortung und Authentizität; sie betreibt geradezu gezielt *Anti-Aufklärung*.»Sie verhindert die Bildung autonomer, selbständiger, bewußt urteilender und sich entscheidender Individuen. Das aber wären die Voraussetzungen einer demokratischen Gesellschaft, die nur in Mündigen sich erhalten und entfalten kann« (Adorno 1997: 345; zum regressiven Wandel vom räsonierenden zum unpolitischen, konsumierenden Kulturpublikum siehe auch Habermas 1990: 248-274).

Adorno hat an der kritisch aufklärenden Struktur- und Funktionsbeschreibung der Kulturindustrie (wie auch des Spätkapitalismus) bis zuletzt festgehalten. Gleichwohl hat er ihre Wirkungen: Verführung, Denkbeschränkung, Zerfall der Individualität etc., im Nachhinein relativiert. Letztlich bestehe ihr Effekt in nichts anderem, als der Menschen leere Zeit mit Leerem ausfüllen zu lassen – weit davon entfernt, ein falsches Bewusstsein zu produzieren (vgl. Adorno 1997e: 365). Man kann also mit bester Hoffnung an die Autonomie und Selbstverantwortung des modernen Individuums glauben, solange es selbst nicht alles glaubt und sich ideologischer Vereinnahmung entzieht. Explizit schreibt Adorno 1969:»Was also die Kulturindustrie den Menschen in ihrer Freiheit vorsetzt, das wird [...] zwar konsumiert und akzeptiert, aber mit einer Art von Vorbehalt [...]: es wird nicht ganz daran geglaubt. [...] Die realen Interessen der Einzelnen sind immer noch stark genug, um, in Grenzen, der totalen Erfassung zu widerstehen.« (1997d: 654f.)

Die Rezeption von Horkheimer und Adorno verläuft bis heute in sehr unterschiedlichen Richtungen. Die einen kämpfen mit deren Argumenten weiterhin gegen eine ideologische Dominanz der Massenmedien und gegen ihr unmoralisches Auftreten und verweisen auf ihre direkte Wirkung mit regressiven Tendenzen und die damit verbundene Ohnmacht, welcher jeder Zuschauer oder Zuhörer ausgeliefert ist. Die anderen stören sich am bildungsbürgerlichen Elitismus, negieren die Sichtweise eines passiven, ununterbrochen medialen Reizen ausgesetzten Individuums und verweisen auf dessen selbstbewusste Entscheidungsmacht der Auswahl und Beeinflussungstiefe massenmedialer Programme und Inhalte. Zumindest unter ästhetischen Gesichtspunkten muss man heute leider feststellen, dass Anspruch und Niveau vieler Sendungen ein großes Ärgernis sind und nur sehr selten den (Informations- oder Unterhaltungs-)Bedürfnissen der Rezipienten gerecht werden. Für die Alltagspraxis hätten Adorno und Horkheimer wohl empfohlen: Ausschalten tut Not. Der Wissenschaft haben sie explizit auf den Weg gegeben: Die kritische Arbeit ist fortzusetzen (vgl. dazu Clausen 1990).

2. Kritik am Radio- und Fernsehkonsum (Anders)

Günther Anders (1902-1992) entstammt der jüdischstämmigen Familie Stern und erleidet wie viele andere während des NS-Regimes das Emigrationsschicksal. So kommt er schließlich über einige Zwischenstationen in die USA. Wie bei Horkheimer und Adorno (in deren unmittelbarer Nähe er später in Hollywood wohnt) verdanken sich deshalb seine kritischen Diagnosen maßgeblich den Erfahrungen mit dem ›american life style‹ und der amerikanischen Film- und Fernsehindustrie. Während aber die Studien zur Kulturindustrie von Horkheimer und Adorno zum medientheoretischen Kanon gehören, gilt dies für Anders keineswegs. Spät zu Ehren gekommen, wurde er schnell wieder vergessen – zu Unrecht, wenn man sich seine gut 50 Jahre alten Diagnosen vergegenwärtigt. In ihnen steckt ein hellseherisches Potenzial, von dem sich Anders gewünscht hätte, dass es nicht eingetreten wäre. Zentraler Gegenstand seiner kritischen »Gelegenheits«-

und »Diskrepanzphilosophie« sind die moderne Maschinenwelt, die Massenmedien und die Atombombe.

Anders' philosophischer Ausgangspunkt ist die Stellung des Menschen in der modernen Welt. Er vertritt die Auffassung, dass dem Menschen die Welt abhanden gekommen ist, er geradezu ohne Welt ist und dass alles von der Technik beherrscht wird. Es gibt mit der Moderne keine einheitliche Welt(ordnung) mehr, sondern eine Auflösung und Aufteilung in viele verschiedene Welten und Geltungssysteme. Dieser Sachverhalt wird schließlich dadurch gesteigert, dass originäre Welterfahrungen und die sinnlich-widerständige Tuchfühlung mit der Welt in den Hintergrund treten; diese – beziehungsweise eine Simulation davon – stattdessen von den Massenmedien vermittelt werden. So wird die Welt schließlich zum »Phantom« und zur »Matrize« (etymologisch aus dem Französischen *matrice* für: Form-/Druckvorlage). Der Mensch selbst wird zum Unerfahrenen, er ist nur noch »Jetzt« – statt aufgeklärter »Zeitgenosse«. Wir entdecken und erschließen uns die Welt nicht mehr selbst, sondern bekommen die erschlossene und vorgedeutete Welt »frei Haus« geliefert und werden zu »vieltätigen Nichtstuern«. Dabei versetzen die modernen Massenmedien unseren Sinnesapparat kontinuierlich in Erregung. Im Sekundentakt erwarten oder suchen wir neue Bilder, aktuelle Informationen, anderes Material. Diesen Zustand belegt Anders mit der Formel des »Besetzt«- statt des »Beschäftigtseins«. Die Sinne und Erfahrungen werden besetzt – und dies lassen wir mehr oder minder passiv und distanzlos geschehen. Durch die Omnipräsenz von Rundfunk und Fernsehen (einst in den USA, heute überall), die uns die Freizeit ausfüllen, entsteht der Eindruck, (vermeintlich) von Handlungsdruck und Langeweile befreit zu sein. Obwohl dieses Zerstreuungsangebot für die Massen produziert wird, kommt es zur Paradoxie, dass es von jedem einzeln und höchst privat genutzt wird. Diesen Fernsehzuschauer bezeichnet Anders als »Masseneremiten« – und ihm gilt in erster Linie Anders' Aufklärungsschrift.

Einleitend präsentiert Anders zwei grundsätzliche Problemstellungen, die seine Analysen motiviert haben und begleiten. Die erste zentrale Frage (an alle Fernsehkonsumenten) lautet: »Ja, was tue ich denn da eigentlich? Ja, was tut man mir denn da eigentlich?« (Anders 1987: 101) Diese Frage ist eine konsumkritische, eine an den Rezipienten gerichtete. Anders' zweite zentrale Frage resultiert aus der Diagnose: Längst erfahren nicht mehr wir die Welt selbstständig, sondern die Welt und ihre Ereignisse kommen zu uns nach Hause via Radio und TV. Ausgehend von dieser Beobachtung wie auch der fundamentalen Leistung der Massenmedien, fragt Anders (ebd.: 111) nach »den eigentümlichen Veränderungen, die der Mensch als mit Welt beliefertes Wesen durchmacht«; und nach den »eigentümlichen Folgen, die die Weltbelieferung für den Weltbegriff und für die Welt selbst nach sich ziehen.« Diese zweite Fragestellung ist eine gesellschaftskritische, die sich auf die Veränderung sozialer Verhältnisse richtet.

Ein nachhaltiger Wandel des häuslichen Lebensstils und eine Sprengung traditionaler familiärer Ordnung setzt mit dem Fernseher als neuem zentralen Möbelstück und dem Fernsehen als dominierender privater Freizeitbeschäftigung ein. Mit diesem Einzug und Siegeszug des Fernsehers ins Familienleben: »er kommt, macht sehen, und hat schon gesiegt« (ebd.: 105), gerät die gemeinsame Privatheit ins Wanken, kommt es zu einer Dezentralisierung, zu einem Nebeneinander. Er verwandelt das Wohnzimmer in einen Zuschauerraum, die Familienmitglieder in ein vereinzeltes Publikum und verhindert in seiner auf ihn ausgerichteten Wahrnehmungskonzentration und Sitzordnung das originäre Familiengespräch aller mit allen über alles. Solcher Art ist der Fernseher der *negative Familientisch* und fungiert weniger als Mittel- denn als Fluchtpunkt.

Wer vor dem Bildschirm sitzt, möchte nicht abgelenkt und gestört werden: Entweder (geselliges) Gespräch oder Fernsehschauen, aber nicht beides gleichzeitig; randläufige Bemerkungen oder kurze Kommentare werden geduldet, mehr aber nicht. Diese Stummheit geht für Anders zügig ins Stadium der Sprachlosigkeit und unmündigen Hörigkeit gegenüber dem Fernsehen und seinen Programmmachern über – und ›Programm‹ heißt ja nichts anderes als Vor-Schreiben. »*Da uns die Geräte das Sprechen abnehmen, nehmen sie uns auch die Sprache fort;* berauben sie uns unserer Ausdrucksfähigkeit, unserer Sprachgelegenheit, ja unserer Sprachlust.« (Ebd.: 107) Wir werden *hörig*, weil wir immer weniger selbst sprechen und uns das Sprechen von den Massenmedien abnehmen lassen. Wer schließlich nur noch hört, hat irgendwann tatsächlich nichts mehr zu sagen. Damit verlieren sowohl die Beziehung zwischen Mensch und Welt als auch jene zwischen Mensch und Mensch ihren grundsätzlichen Charakter der Gegenseitigkeit. Diese Beziehungen werden *amputiert*. Wir hören und sehen von der Welt, die Welt aber nicht mehr von uns. Paradigmatisch gilt in der Epoche der Massenmedien: »Don't talk back«.

Der fehlenden Mündigkeit und Sprachmacht korrespondiert eine Entfremdung von der Welt, die wir nur noch als vermittelte erleben. Alles wird uns durch das Fernsehen anwesend gemacht, ohne anwesend zu sein und ohne sich auf authentischen Eigenerfahrungen zu gründen. In gewisser Weise werden Er-*Fahrungen* überflüssig, die Welt wird vor uns und für uns, die wir reglos und stationär sind, zu Hause aufgefahren.[24] Daraus resultiert neben der Entfremdung von der Welt auch jene von den Mitmenschen. Weltlos, beziehungslos, zerstreut und angepasst – das sind die Eigenschaften des modernen Radio- und Fernsehkonsumenten. Schlussendlich stehen uns die Fernsehfiguren und Serienhelden näher als unsere Zeitgenossen und Nachbarn. »In der Tat gibt es nichts, was uns uns selbst und der Welt auf verhängnisvollere Weise entfremdete als die Tatsache, daß wir unser Dasein nun fast pausenlos in der Gesellschaft jener falschen Vertrauten, jener Phantomsklaven verbringen, die wir – denn die Alternative Schlafen und Wachen hat der von Schlafen und Radiohören Platz gemacht – mit noch schlaftrunknem Griff als erstes Stück Welt zur Morgen-Audienz in unser Zimmer beordern, um von ihnen angeredet, angeblickt, angesungen, aufgemuntert, getröstet, weich oder scharf gemacht, den Tag beginnen, der nicht unser ist; und nichts, was die Selbstentfremdung so endgültig machte, wie unter der Aegide dieser Scheinfreunde den Tag fortzusetzen: denn auch dann, wenn wirkliche Gesellschaft erreichbar wäre, bleiben wir ja weiter und lieber in der Gesellschaft unserer portable chums, da wir diese eben nicht mehr als Ersatzmänner für wirkliche Menschen empfinden, sondern als unsere wahren Freunde. [...] Ich bin überzeugt davon, daß es heute zahllose Menschen gibt, die sich, konfiszierte man ihre Radios, grausamer gestraft fühlen würden als jene Häftlinge, denen man zwar ihre Freiheit konfisziert, aber ihre Apparate beläßt.« (Ebd.: 126f.)

Indem wir in die rigide Abhängigkeit von Radio und Fernsehen geraten (oder gebracht werden), lernen wir, unsere Bedürfnisse am Sendeangebot auszurichten. Nicht weil wir mit Nachrichten, kritischen Kommentaren und Unterhaltung versorgt sein wollen, benötigen wir das Radio- oder Fernsehgerät. Im Gegenteil: Weil wir Radio und Fernseher *haben*, verwenden wir sie nicht nur, sondern *bedürfen* ihrer nun auch (vgl. ebd.: 176). Das Fernsehen ist der Hauptmotor von Bedürfniserregung und (falschen) Versprechungen. Es erzeugt erst das, was durch es befriedigt werden kann, und wächst dabei stetig im Programmvolumen. So bringen uns Massenmedien und Massenindustrie in eine von ihnen selbst erzeugte Abhängigkeit; und wer dabei nicht mitspielt, gilt als Sonderling und wird zur Rechtfertigung gezwungen.

Was alles zur Zerstreuung und Bedürfnisbefriedigung gesendet wird, sind *Phantome*: »zugleich gegenwärtig *und* abwesend, zugleich wirklich *und* scheinbar, zugleich da *und* nicht da« (ebd.: 131). Die Echtheit der Ereignisse weicht dabei auf. Wer kann denn schon überprüfen, ob die gesendeten Bilder wirkliche Gegenwart sind oder nicht eigens fürs Fernsehen inszeniert wurden? Was gesellschaftlich in einem Augenblick wirklich ist, verdankt sich der medialen Berichterstattung; also ist das, was wir als Gegenwart kennen, grundsätzlich erstens eine gesendete Ereignisgegenwart und zweitens phantomhaft. Das Fernsehen schlägt (sich) auch insofern eine eigene Bahn durch die Wirklichkeit, als es zwar nicht (über) alles sendet, aber mehr oder minder alles, was erlebt und gesehen wird, aus der Perspektive des Fernsehens erlebt und gesehen wird. Ähnliches konstatiert Tenbruck (1996: 267): »Der Zeitgenosse erlebt alles aus der Perspektive und Logik des Fernsehens, ohne daß er den Apparat erst einschalten muß, weil er ihn schon selbst im Kopf trägt. Auf diese Weise verändert das Fernsehen die gesamte Wirklichkeit, weil es den Menschen verändert, der die Wirklichkeit erfaßt.«

Einst war das Kennzeichen von Wirklichkeit ihre grundsätzliche *Widerständigkeit*. Was dem Erleben und Handeln Widerstand bietet, das ist wirklich. Die gesendete Welt dagegen ist eigentümlich widerstandslos, so passend für ihre erwartungsfrohen und vorverbildeten Rezipienten und Konsumenten, dass sie wie die glatte Pille herunterrutscht, jedem leicht eingängig ist (vgl. Anders 1987: 194ff.). Um die Widerstandslosigkeit zu kompensieren, lassen wir uns mit Widerständen in Produktform versorgen. »Do it yourself« oder »Creative Self-Expression« lautet die Praxis des angepasst Beschäftigten. Die Fast-Fertigwaren und vorproduzierten Elemente aus Baumärkten, Hobbyläden, Zubehörmärkten und Kochstudios schaffen ein künstliches – wiederum von der (Kultur-)Industrie erfundenes und besetztes – Betätigungsfeld, um die Freizeit nicht nur vor dem Radio, Fernseher und (Spiel-)Computer zu verbringen. Wenn nach aller Bastelei, Pseudo-Kreativität und inszenierten Selbstbeschäftigung die Alltagsleere wieder einkehrt, ist es der wahre Segen und die verdiente Belohnung, erneut dem Radio- und Fernsehkonsum zu frönen. Das ist für Anders (vgl. ebd.: 203) die wahre Dialektik der modernen Welt.

Gut 25 Jahre nach Fertigstellung der »Antiquiertheit des Menschen« hat sich Anders im Kontext einer Wiederveröffentlichung nochmals mit seinen damaligen Beschreibungen und Thesen reflektiert auseinander gesetzt. Seine zentralen Aussagen hat er bekräftigt, im Grunde seien sie aktueller und brisanter denn je. Es zeige sich nämlich erstens, »daß wir der Produktion unserer Produkte nicht gewachsen sind«; zweitens, »daß wir mehr herstellen als vorstellen und verantworten können«; und drittens, »daß wir glauben, das, was wir können, auch zu dürfen, nein: zu sollen, nein: zu müssen« (ebd.: VII). Auch an seinen Beobachtungen und Diagnosen der Massenmedien hat er festgehalten. Denn weiterhin werde der Mensch gerade durch das Fernsehen »passivisiert« und zur systematischen Verwechslung von Sein und Schein »erzogen«; und stärker denn je richten sich gesellschaftsgeschichtliche Ereignisse nach den Erfordernissen und Regeln des Fernsehens: »[D]ie Welt werde also zum Abbild der Bilder.« (Ebd.: VIII) Er hat seine Analyse aber in einem Punkt relativiert und um eine positive, ermutigende Perspektive erweitert. »Unterdessen hat es sich nämlich herausgestellt, daß Fernsehbilder doch in gewissen Situationen die Wirklichkeit, deren wir sonst überhaupt nicht teilhaftig würden, ins Haus liefern und uns erschüttern und zu geschichtlich wichtigen Schritten motivieren können. Wahrgenommene Bilder sind zwar schlechter als wahrgenommene Realität, aber sie sind doch besser als nichts.« (Ebd.) Anders selbst führt als einen solchen positiven Beleg die Berichterstattung über den Vietnamkrieg und die dadurch ausgelösten Massenproteste wie auch das dadurch bedingte Ende des damaligen Genozids an. An jüngeren Beispielen sind für diese Richtung anzuführen: der Irak- und Afghanistankrieg mit seinen weltweiten Protesten oder die Tsunami-Katastrophen mit der darauf folgenden enormen Spendenbereitschaft.

3. Kritik des Fernsehens (Bourdieu)

Pierre Bourdieu (1930-2002) ist vor allem als kulturalistischer Feld- und Strukturtheoretiker der modernen Gesellschaft bekannt geworden, als strenger Analytiker der symbolischen Kapitalverteilungs- und Kapitalaneignungskämpfe sowie als streitbarer Verfechter einer Idee des Intellektuellen (vgl. einführend Bourdieu 1989). In seinen Studien zum Fernsehen sucht man allerdings vergeblich nach einigen seiner soziologischen Grundbegriffe und nach einer tiefenscharfen, historisch ausführlich argumentierenden Feldanalyse. Dennoch lohnt sich eine Auseinandersetzung, weil Bourdieu einerseits bestimmte Aspekte der bisher besprochenen kritischen Medientheorien aufgreift und fortschreibt und weil er andererseits eine Ergänzung bietet, die weniger die Rezipientenseite und die massenmedialen, kulturindustriellen Konsumprozesse untersucht, sondern sich vielmehr auf die Produktionslogik und Machtsphären des Fernsehens konzentriert.

Bourdieus zentraler Ausgangspunkt ist der zunehmend schrankenlose Wettbewerb im journalistischen Feld um Reichweiten und Einschaltquoten. Allerorten regiert im Journalismus die »Einschaltquotenmentalität«; die Einschaltquote ist »das göttliche Gericht« (Bourdieu 1998: 36). Dahinter steckt ein vehementer Kampf zwischen Ökonomie und Kultur, zwischen journalistischer Autonomie und ökonomischer Heteronomie und Fremdbestimmung. Wer diesen Kampf verstehen will, der muss hinter die Kamera, hinter die Kulissen von Presse und Fernsehen schauen und die komplexe Logik journalistischer Interessen aufdecken. Mit kritischem Gestus will Bourdieu deshalb seine Analysen als »Eingriff«

verstanden wissen, der einen wissenschaftlichen Kontrast zu eigenen Alltagserfahrungen mit dem Fernsehen bildet und der über die verborgenen Strukturzusammenhänge und Wirkweisen des journalistischen Feldes im Allgemeinen sowie des Fernsehens im Besonderen aufklärt. Ziel dieser Unternehmung sei kein persönlicher Angriff auf Journalisten und Medienschaffende, kein Verdikt *ad hominem*. Vielmehr gilt es, »denen Werkzeuge und Munition zu liefern, die in diesem Bereich dafür kämpfen, daß, was ein hervorragendes Instrument direkter Demokratie hätte werden können, sich nicht endgültig in ein Mittel symbolischer Unterdrückung verwandle« (ebd.).

Nicht zufällig rekurriert Bourdieu hier auf ein kritisches Programm, das von Adorno stammt. Hat dieser doch 1962 neun kritische Aufsätze mit »Eingriffe« überschrieben. Zwei davon sind explizit der präparierten Scheinwelt des Fernsehens gewidmet: »Prolog zum Fernsehen« und »Fernsehen als Ideologie« (vgl. Adorno 1997b und 1997c). Wer eingreift, der rührt an einem Tabu, macht Verbotenes (und macht gleichzeitig auf Verbotenes aufmerksam), verletzt das Einverständnis. Im Speziellen ging es Adorno darum, das verdinglichte Bewusstsein aufzugreifen, um in es einzugreifen; jenes Bewusstsein zu kritisieren, das »nur Reflex der Realität ist, die es trägt« (Adorno 1997a: 457).

Wer sich von Vorneherein gegen ökonomische Zwänge ausspricht, der schafft sich besondere Voraussetzungen, der holt sich selbst die *Verfügungsgewalt über die Produktionsmittel*. Und Bourdieu tut genau dies. Er duldet keine limitierenden Einflüsse: keine begrenzte Redezeit, keine vorgeschriebene Themenwahl, keine Einwirkungen durch einen Sendeleiter oder Moderator. Erst unter diesen (selbst bestimmten) extraordinären Voraussetzungen lohnt es sich, im Fernsehen über das Fernsehen zu sprechen – unter gewöhnlichen Umständen geht das nicht. Deswegen verrät jeder, der die restriktiven Bedingungen eines Fernsehauftritts akzeptiert, »daß er nicht kommt, um etwas zu sagen, sondern [...] vor allem, um sich zu zeigen und gesehen zu werden« (Bourdieu 1998: 16). Solche Leute kompromittieren sich, weil ihnen scheinbar erst die massenmediale Wahrnehmung und Anerkennung zum Sein verhilft.

Warum spricht Bourdieu trotz dieser Widerstände und Paradoxien im Fernsehen und schreibt nicht im Feuilleton einer Tageszeitung oder in einer wissenschaftlichen Fachzeitschrift über das Fernsehen? Der erste Grund ist quantitativer Natur: Über das Fernsehen lassen sich Millionen erreichen – gegenüber Hunderttausenden von Zeitungslesern oder einigen Hundert bis wenigen Tausend der *scientific community*. Der zweite Grund ist ein moralisch aufklärender: Als Staatsbeamte haben Wissenschaftler die Verpflichtung, der Menschheit zu dienen und bei möglichst vielen zur Bewusstwerdung bestehender (Macht-)Verhältnisse beizutragen – und in sozialer Hinsicht gelingt dies scheinbar am besten wiederum im Fernsehen. Der dritte Grund ist ein (anti-)ästhetischer: Indem Bourdieu auf jegliche Zusatzkommentare, auf weitere Studiogäste und auf die visuelle Untermalung oder Ergänzung seines Wortes verzichtet, macht er umso stärker mit diesem »Minimalprogramm« auf die üblichen Sende- und Sehgewohnheiten des Fernsehens aufmerksam. Durch die Kontrastierung wird der (ästhetische) Standard indirekt sichtbar und zu Bewusstsein gebracht.

In einem ersten Schritt untersucht Bourdieu die eigentümlichen Auswahlprinzipien des Fernsehens und seine Logik des verdeckten Vor-Schreibens. Im Bereich der Nachrichten werden Ereignisse präsentiert, die vermeintlich jeden angehen und interessieren können. Diese schockieren nicht besonders, besitzen aber auch keinen sonderlich starken Informationswert. Das »Vermischte«, diese so genannten »*Omnibus*-Meldungen«, füttern die Zuschauer mit Nebensächlichkeiten und verbergen das (politisch, ökonomisch, kulturell) Relevante und Wichtige im Rahmen des Meinungsbildungsprozesses. In seiner ästhetischen Dimension wird dieses Material *dramatisiert*, sein Stellenwert nicht zuletzt dadurch übertrieben, dass es in eine eindringliche Bildsprache übersetzt wird. Das Fernsehen entpolitisiert die Welt, sensationalisiert sie und präsentiert ›fast-thinking‹-Rezepte für vordergründige Probleme. Statt einer *Politik kultureller Aufklärung* betreibt das Fernsehen eine Art *spontaneistischer Demagogie* (vgl. ebd.: 67; vgl. auch Bourdieu et al. 1997: 75ff.). »Dieser enthistorisierte und enthistorisierende, atomisierte und atomisierende Blick findet seinen paradigmatischen Ausdruck in dem Bild, das die Fernsehnachrichten von der Welt geben: eine Abfolge scheinbar absurder Geschichten, die sich schließlich alle ähneln.« (Bourdieu 1998: 137f.) Solange die Ereignisse nur dem Aktualitätswert gerecht werden, ergibt sich »eine ungereimte Abfolge von Ereignissen, die nichts miteinander zu tun haben und bloß von den Zufällen chronologischer Koinzidenz zusammengebracht werden [...] und die man dadurch vollends *ad absurdum* führt, daß man sie auf das herunterbringt, was sie augenblicklich, aktuell vorstellen, und sie von ihrer ganzen Vorgeschichte wie von ihren Konsequenzen abschneidet« (ebd.: 136f.).[25] Auf den Staatsbesuch folgt der Bericht eines Flugzeugabsturzes, Konjunkturprognosen gehen dem Gerichtsprozess voraus, dann noch Sportnachrichten, die Lottozahlen und schließlich das Wetter. Im Endeffekt entsteht eine *strukturelle Amnesie* (vgl. ebd.: 137): Aktualität triumphiert über das Erinnern.

Auf der Publikumsseite baut sich eine Spaltung auf: zwischen denen, die Zugang zu alternativen Informationsquellen haben und sich anderweitig umfassend und seriös ihr Urteil bilden, und jenen, »deren ganzes politisches Rüstzeug in den vom Fernsehen gelieferten Nachrichten, also in fast gar nichts besteht« (ebd.: 23). Diese Tendenz wirkt sich insofern fatal aus, als mittlerweile das Fernsehen die dominierende Instanz im journalistischen Feld wie auch im (Konsum-)Alltag des Publikums ist. Es ist die entscheidende Einflussgröße bei der Konstruktion und Präparation unserer Wirklichkeit(en).[26] Wer sein Anliegen ohne Rücksicht auf die symbolische Macht und Produktionslogik des Fernsehens verbreiten und bekannt machen möchte, wird sein Ziel verfehlen. Heutzutage entscheidet das Fernsehen (zunehmend exklusiv) über das, was ökonomisch, politisch oder kulturell relevant ist, wer in welcher Rolle zu Wort und ins Bild kommt und wer und was mithin gesellschaftlich existiert. Damit hat sich ein grundlegender Funktionswandel vollzogen: »[A]us dem Be-schreiben der sozialen Welt durch das Fernsehen wird ein Vor-schreiben.« (Ebd.: 28)

Üblicherweise wird davon ausgegangen, dass bei aller Autonomie journalistischer Tätigkeit die Berichterstattung und die Sendeformate an den Interessen und Bedürfnissen des Publikums orientiert sind. Bourdieu stellt das Gegenteil heraus: Das, was geschrieben und gesendet wird, resultiert aus der wechselseitigen, konkurrierenden Beobachtung im journalistischen Feld selbst.

Jeder wetteifert mit jedem auf der Jagd nach der sensationellen Neuigkeit, nach dem nächsten *scoop* (vgl. ebd.: 109); und das Neue gilt zugleich als das Wichtige. Das Resultat ist eine *zirkuläre Zirkulation* im Journalismus (vgl. ebd.: 33f.). »Um zu wissen, was man sagen wird, muß man wissen, was andere gesagt haben. Dies ist einer der Mechanismen, die Homogenität unter den Produkten erzeugen« (ebd.: 31f.; vgl. auch 111f.). Redaktionen sind vornehmlich damit beschäftigt, zu beobachten, was und wie andere Redaktionen und Journalisten beobachten.[27] Womit und worin kann man sich und die anderen besser beobachten als im, zu Recht so genannten, aktuell erstellten »Pressespiegel«? Wechselweise reagieren Journalisten auf die Beobachtungen anderer Journalisten, indem sie diese ebenfalls reproduzieren oder sich nach anderen Wertigkeitskriterien entscheiden, nicht dies publik zu machen, sondern anderes. Häufig wird mehr oder minder Gleiches dann gesendet, wenn es bereits im Sinne der kapitalistischen Ökonomie und der Aufmerksamkeitsökonomie erfolgreich war und weiterhin jenen doppelten Profit verspricht. So erklärt sich die homogene Kreation von Nachrichtenwelten, (Medien-)Wirklichkeit und mediengerechten Ereignissen – die bisweilen erst durch die Massenmedien und für die Massenmedien geschaffen werden. So ist auch die Imitation erfolgreicher Formate im Fernsehen durch andere Sendeanstalten zu erklären. Die Crux besteht allerdings darin, dass sich mit der vermehrten Reproduktion des Identischen oder Ähnlichen sehr schnell eine Abnutzungserscheinung und ein Ermüdungsfaktor bemerkbar macht. Entsprechend ist dem Original Erfolg beschieden, den Nachahmern nur selten oder nur für eine kurze Zeitspanne.

Am konkreten Format der Fernsehdiskussionen realisiert Bourdieu ein weiteres Mal sein Anliegen, das Verborgene sichtbar zu machen. Vordergründig werden Personen als Experten für bestimmte Themen eingeladen, um untereinander kontrovers zu diskutieren und zur kritischen Meinungsbildung des Publikums beizutragen. Hintergründig handelt es sich bei Fernsehdiskussionen um eine mehr oder minder geschlossene Welt, »in der jeder jeden kennt und die einer Logik ständiger Selbstbestätigung folgt« (ebd.: 41). Das Ergebnis dieser Komplizenschaft sind *echt falsche* und *falsch echte* Debatten. Bereits die Einladung folgt einem unsichtbaren Ritual. Die wirklichen, aber unbekannten Experten werden ebenso wenig eingeladen wie bekannte, aber weder tele-gene noch medienrhetorisch begabte Personen. Man sollte sich öfters die Frage stellen, wer eigentlich aus welchen Gründen *nicht* eingeladen ist.[28] Unter den eingeladenen Studiogästen wiederum herrscht eine in Vorbereitungsgesprächen festgelegte Logik der Themen und Diskussionsführung vor. Autonom ist deswegen keiner, Inszenierung ist alles. Die stillschweigend akzeptierte In-szenierung wird von der Sendeleitung und maßgeblich vom Mo-derator überwacht. Er regelt, wer wie lange und worüber Redezeit erhält; er bestimmt, wo Klärungsbedarf besteht, wo nachgefragt werden muss, wo bewundernde Zustimmung oder ablehnender Widerspruch angezeigt ist.[29] Bestens geeignet für Fernsehauftritte sind die *fast thinkers:* Leute, die sich benehmen, äußerst redselig und (pseudo-)kompetent bei verschiedensten Themen sind und vor allem schnell auf den Punkt kommen und sich publikums-freundlich ausdrücken können. Zumeist dominiert bei ihnen ein Denken und Argumentieren in *Gemeinplätzen.* Denn »eines der Hauptprobleme des Fernsehens ist die Frage der Beziehungen zwischen Denken und Geschwindigkeit. Kann man denken, wenn man es eilig hat? [...] Wenn Sie einen ›Gemeinplatz‹ von sich ge-ben, ist das Problem von vorneherein gelöst. Die Kommunikation gelingt augenblicklich, weil sie in gewisser Hinsicht gar nicht statt-findet. Oder nur zum Schein. Der Austausch von Gemeinplätzen ist eine Kommunikation ohne anderen Inhalt als den der Kommu-nikation. Die ›Gemeinplätze‹, die im alltäglichen Gespräch eine enorme Rolle spielen, haben den Vorteil, daß jedermann sie auf-nimmt und augenblicklich versteht: Aufgrund ihrer Banalität sind sie dem Sender und Empfänger gemeinsam.« (Ebd.: 38f.)

Immer stärker mischen sich die Massenmedien in fremde Be-reiche ein und werden zur entsprechenden Richtinstanz. Immer stärker verleiht besonders das Fernsehen Anerkennung und Re-putation für externe Felder: an Wissenschaftler, Künstler, Politiker, Unternehmer. Infolgedessen wird es schwieriger zu beurteilen, ob die Reputation sich feldspezifischen Kriterien und Fachkollegen verdankt oder nicht vielmehr zahlreichen Medienauftritten und der massenmedialen Aufmerksamkeitsökonomie. Mit aller Ve-hemenz kritisiert Bourdieu solche *Kollaborateure,* die mit Journalisten und Redaktionen gemeinsame Sache machen und in ihrer originären Profession, in ihrem spezifischen Feld Versager oder Ausgeschlossene sind. Solche Personen sind es auch, die die heteronome Beeinflussung durch andere gesellschaftliche Felder zulassen und mit betreiben und dabei die autonome Reinheit eines Feldes, hier: der Wissenschaft, nachhaltig gefährden (vgl. ebd.: 86f. und 90).

Bei aller Kritik an den Produktions- und Sendelogiken des Fernsehens plädiert Bourdieu keineswegs für seine Abschaffung oder die individuelle Freiheit des Abschaltens. Im Gegenteil: Das Fernsehen kann viel zur kulturellen (Weiter-)Bildung, kritischen Informierung und gehaltvollen Unterhaltung beitragen. Dazu muss es aber in einer *konzertierten Aktion* von Wissenschaftlern, Intellektuellen, Künstlern und Journalisten von seinen ökonomischen Zwängen der Einschaltquoten und Werbegelder befreit und vom Anspruch her ›höher gefahren‹ werden. Wenn der kognitive Eintrittspreis erhöht und seichte Programmwahlmöglichkeiten verhindert werden, dann kann das Fernsehen für seinen politischen und kulturellen Auftrag ins Recht gesetzt werden. Es gilt, kollektiv dafür zu kämpfen, dass erstens »die zur Förderung des Universellen notwendigen Produktionsbedingungen bereitgestellt werden« (ebd.: 94); dass zweitens den Zuschauern eine bessere Kompetenz und Vorbildung vermittelt wird, die dann die adäquaten Voraussetzungen sind, sich das Universelle anzueignen; und dass drittens Journalisten im Sinne der Autonomie ihres Feldes für die Sache (demokratische Willensbildung, Bildungsauftrag, kritisch-investigative Berichterstattung u.a.m.) und nicht für die Einschaltquote arbeiten. Wie es wohl genereller Duktus kritischer Medientheoretiker ist, lässt sich auch bei Bourdieu unschwer erkennen, dass er aus der Warte des Intellektuellen argumentiert und, genau besehen, die Autonomie der Massenmedien durch das heteronome Ideal wissenschaftlich-aufgeklärter Diskurse unterminiert, die kritisierte ökonomische Heteronomie gegen die wissenschaftliche austauscht.

> *Das eine deutsche Wort »öffentlich« bezeich-*
> *net, wie das lateinische publicum, drei ver-*
> *schiedene Begriffe. Für's Erste bezeichnet es*
> *das Politische oder, das, was den Staat, das*
> *Gemeinwesen angeht. [...] Fürs's Zweite be-*
> *zeichnet es das, was alle einzelne Bürger, alle*
> *Theilnehmer der Societas oder Genossenschaft,*
> *angeht, was ihnen Allen gemeinschaftlich ist*
> *als Gut und Recht, oder als Last und Pflicht.*
> *Für's Dritte endlich bezeichnet es das Nicht-*
> *geheime. (Welcker 1841: 256)*

Mediengeschichtlich sind ein bildungsbedürftiges wie aufgeklärtes Staatsbürgertum/-publikum und damit allgemein die Sphäre der Öffentlichkeit aufs Engste an das Zeitalter des Buchdrucks und eines periodischen Zeitungswesens (mit langsamer Professionalisierung des Journalismus) gebunden (vgl. weiterführend Schiewe 2004). Verschiedene Formate und Gattungen publizierter Schriftlichkeit lösen den mündlichen Meinungsaustausch und Nachrichtenverkehr in Arenen räumlicher Nähe, wechselseitiger Angesichtigkeit und sozialer Homogenität ab und stiften jenseits des gemein(sam) Sichtbaren und Erfahrbaren ein handlungsrelevantes Wissen und allgemeines Bekanntsein gesellschaftlicher Neuigkeiten und staatlicher Herrschaftsangelegenheiten. Diese fundamentale Öffnung gesellschaftlicher Diskurse und Erweiterung von Meinungs- und Argumentationsvielfalt korreliert begriffsgeschichtlich (vgl. einschlägig Hölscher 1979) mit der Abwehr negativer Konnotationen, wie sie drei paradigmatischen Komplementärbegriffen von ›öffentlich‹ zugrunde liegen: (1) öffentlich/privat, (2) öffentlich/geheim, (3) öffentlich/ausgegrenzt (vgl. ähnlich Peters 2007: 55ff.).[30] Dies bedeutet genauerhin: Meinungen, Überzeugungen und relevantes Wissen sollen nicht länger private Angelegenheit bleiben, sondern sind von prinzipiell kollektivem Interesse und müssen deshalb allen Menschen bekannt gemacht werden; Geheimnisse, vor allem politische, werden diskreditiert und sind nicht länger (respektive nur in – etwa militärischen – Ausnahmefällen) zu dulden; kein Bürger darf von staatlichen Angelegenheiten ausgeschlossen sein, und so sind in konkreter räumlicher Hinsicht die Einrichtungen des Staates allen (Betroffenen wie Interessierten) zugänglich zu machen.

Gesellschaftsgeschichtlich besehen, wird die Idee und Praxis der Öffentlichkeit im Umfeld der europäischen Aufklärung installiert, um zur Reflexion, Diskussion und Veränderung gesellschaftlicher Prozesse und Strukturen beizutragen, insbesondere der Politik beziehungsweise politischen Herrschaft. Prominent hat Kant in den 1780er Jahren als Ziele der Aufklärung die Befreiung von Unmündigkeit und Despotismus und die vernünftige und verständliche Durchsicht (*perspicuitas*) bestehender Verhältnisse benannt. Vorrangige Bedingungen dieser Zielerreichung sind Meinungs- und Pressefreiheit und ineins damit die Möglichkeit, »von seiner Vernunft in allen Stücken *öffentlichen Gebrauch* zu machen« (Kant 1983: 55), kurz: eine autonom räsonierende Öffentlichkeit. Gleichwohl ist es parallel dazu geboten, die Erwartungen, Regeln und Einschränkungen des Berufs, der Amtsgeschäfte und der gesellschaftlichen Sphären zu akzeptieren und einzuhalten. Die freien Bürger mögen also, so Kants Maxime, nur von Zeit zu Zeit und mit guten Gründen unter- und miteinander räsonieren.

Während feudale oder totalitäre Machtpolitik den Prinzipien des Geheimnisses und der Intrige folgen, soll die Erfindung des abstrakten Kollektivsingulars namens »Öffentlichkeit« die demokratische Staatsverfassung ermöglichen und erhalten. Jedem Staatsbürger, jedem Mitglied einer Nation sei ein Mitspracherecht und die Ausdrucksmöglichkeit bestimmter Interessen zu geben, sodass Regierungen und Herrschaftseliten sowohl ihre Entscheidungen, nachgerade Gesetzgebungen, zu legitimieren als auch Gegenpositionen zur Kenntnis zu nehmen haben. Solcher Art ist die Öffentlichkeit eine durch und durch *politische* Kategorie: Sie adressiert einerseits selbst die politischen Machthaber – respektive alternative (Oppositions-)Parteien – und wird andererseits von diesen adressiert, um repräsentative Zustimmung zu erzielen. Das strukturell neue, moderne Kernprinzip, das durch die (deliberative) politische Öffentlichkeit eingeführt wird und sich im 19. Jahrhundert durchgesetzt hat, lautet: *Veritas non auctoritas facit legem!* (Habermas 1990: 118)

An diesem Prinzip entzündet sich schließlich die Idee, dass die Öffentlichkeit (im Verbund mit den Massenmedien) die ›vierte Gewalt‹ im Staat ist. Und vor diesem Hintergrund ist die Öffentlichkeit auch eine durch und durch *kommunikativ-mediale* Kategorie: Das moderne Individuum stellt vernünftige Ansichten und Wertbindungen kommunikativ mit Anderen und im Austausch unbekannter oder divergierender Positionen her; und es bedient sich zur entsprechenden Verbreitung wie Durchsetzung geeigneter Publizitätsorgane, historisch allen voran: der Presse. Öffentlichkeit erzeugt und bindet herrschaftsfreie, deliberative Kommunikation (et vice versa); und die Presse bündelt die öffentliche Meinung und bildet sie ab. Interessant daran ist, dass die frühen Diskurse zu Öffentlichkeit(stheorien) hierbei noch auf eine neutrale Vermittlerfunktion der Massenmedien setzen. Publiziert und verbreitet wird der (vorherrschende) Kanon an öffentlichen Meinungen und Positionen; und so bildet er den teils affirmativen, teils kritischen Spiegel der Bevölkerung gegenüber den Herrschenden, den diese wiederum zum Anlass für politische Programmänderungen, Reformen und Entscheidungsrevision nehmen (können). Seit dem ausgehenden 19. Jahrhundert wird dann und demgegenüber die *Politisierung der Medien* einerseits und die *Medialisierung der Politik* andererseits diskutiert (vgl. neuerdings Arnold et al. 2010). Diesem (wechselseitigen) Eingriff wird jeweils eine besondere Manipulationsstrategie zugeschrieben: entweder die Instrumentalisierung der Massenmedien durch die Politik, sodass jene die Berichterstattung in ihrem Sinne steuert und die kommunikative Kontrolle über staatsbürgerliches Räsonieren und interessegeleitete Sprecherpositionen ausübt; oder die eigenmächtige Selektions- und Publizitätsstrategie der Massenmedien, die damit der politischen (und jeder anderen gesellschaftlichen) Sphäre anzeigen, was Meinung und Wille der Mehrheit ist, aber auch den einzelnen, anonymen Rezipienten vorgeben, was (vermeintlich) ›die Anderen‹ sagen und mehrheitlich wollen.

Inmitten des durchaus heterogenen Theorie- und Diskursfeldes zu ›Öffentlichkeit‹ und ›öffentlicher Meinung‹ können drei Positionen besondere Prominenz und einen je eigenen interessanten Erklärungsansatz beanspruchen. Sie bieten sich gleichermaßen exemplarisch wie paradigmatisch zur Lektüre und Rekonstruktion an: erstens der historische und gesellschaftskritische Theorieansatz von Jürgen Habermas (vgl. ergänzend auch Sennett 1983), zweitens die systemtheoretischen, von Niklas Luhmann ausgehenden Beschreibungsansätze und drittens der jüngere medientheoretische und moralisch inspirierte Fokus von Roger Silverstone.

(1) Jürgen Habermas interessiert sich für die Strukturgenese des *liberalen* Modells bürgerlicher Öffentlichkeit und ihren Funktionswandel, der eine historische Stufenabfolge aufzeigt von literarischer zu politischer Öffentlichkeit und sodann zur massenkulturellen Erosion. Das neue Bürgertum ist die soziale Kraft, die den Zerfall der repräsentativen (feudalen) Öffentlichkeit einleitet und unter den Bedingungen von Frühkapitalismus, liberaler Marktökonomie, modernem Staatswesen (mit ständiger Verwaltung, stehendem Heer, Polizeygewalt) und freiem Nachrichtenverkehr sich zum Publikum formiert und Herrschafts- und Gesetzeskontrolle ausübt. »Bürgerliche Öffentlichkeit läßt sich vorerst als die Sphäre der zum Publikum versammelten Privatleute begreifen; diese beanspruchen die obrigkeitlich reglementierte Öffentlichkeit alsbald gegen die öffentliche Gewalt selbst, um sich mit dieser über die allgemeinen Regeln des Verkehrs in der grundsätzlich privatisierten, aber öffentlich relevanten Sphäre des Warenverkehrs und der gesellschaftlichen Arbeit auseinanderzusetzen. Eigentümlich und geschichtlich ohne Vorbild ist das Medium dieser politischen Auseinandersetzung: das öffentliche Räsonnement.« (Habermas 1990: 86)

Bevor sich die bürgerliche Öffentlichkeit allerdings im Laufe des 18. Jahrhunderts derart politisiert, übt sie die Kunst und Praxis des kritischen Räsonnements an literarischen, philosophischen, künstlerischen Objekten im Privatbereich, konkret: in den Coffee-Houses und Clubs in England, in den Salons in Frankreich und in den Lese- und Tischgesellschaften in Deutschland (vgl. ebd.: 88ff.). Das Bürgertum versammelt sich privatim zu einem (Lese- und Diskussions-)Publikum, erfindet unter Absehen jeglicher Statusunterschiede eine autonom-egalitäre kommunikative Urteilsfähigkeit gegenüber Kulturgütern und produziert dadurch inmitten der Wohnarchitektur eine neue Trennung von privat/ öffentlich: Aus dem Intimbereich des Wohn- und Schlafzimmers gehen die Privatleute in die Öffentlichkeit des Salons oder der Tischgesellschaft über (vgl. ebd.: 109, 115). Die patriarchalische Kleinfamilie wird dadurch zum Vorläufer und Faktor institutionalisierter Öffentlichkeit in Theatern, Konzertsälen, Museen, aber auch innerhalb der (periodischen) Presseorgane, welche für ihr rasant wachsendes Publikum gleichermaßen politische Kritik (der nun öffentlich zugänglichen Parlamentsdebatten) und Kunstkritik betreiben und verbreiten. Das private Räsonnement dehnt sich so auf und in die Presseöffentlichkeit aus, und öffentliche Kritik kehrt als publizierte wieder zurück in den bürgerlichen Privatbereich – jeweils die Sphären des Marktes, der Gesetzgebung, der Familie sowie subjektive Erfahrung(sreflexion) und universelle Humanität miteinander verschaltend.

Historisch bedeutsam ist dann der nächste Entwicklungssprung einer Institutionalisierung der Öffentlichkeit durch die Staatsorgane selbst. Diese nehmen das kritische Potenzial des Besitz- und Bildungsbürgertum auf und integrieren es der eigenen Organisation. Das Parlament lässt sich von Seiten der öffentlichen Meinung ebenso kontrollieren wie die Justiz; sie machen ihre Sitzungen allgemein zugänglich und sichern sich die Legitimität, Legalität und Unabhängigkeit (der Prinzipien) ihrer Entscheidungen durch Publikumsbeobachtung und -zustimmung (vgl. ebd.: 154ff.). Die Kultur- und Medientechnik des Protokollierens – erst durch Nachrichtenhändler und Zeitungsmacher, später durch eigenes (Staats-)Personal – setzt dann auch noch jene Bürger in den allgemeinen wie aktuellen Kenntnisstand, die an den politischen oder juristischen Verhandlungsterminen abwesend waren, und anerkennt damit die Sphäre der Öffentlichkeit jenseits wechselseitiger Ansichtigkeit.

Umfassende, aufgeklärte Meinungs- und Willensbildung, restriktionsfreie bürgerliche Partizipation am demokratischen Staatswesen, Herrschaftskontrolle, kultivierter gesellschaftlicher Interessenaustausch und kontinuierliche Diskussion(sbereitschaft) sind die maßgeblichen Errungenschaften einer national grundierten, aber ideell auf Weltbürgertum und World Community ausgerichteten Öffentlichkeitssphäre (siehe dazu auch Peters 2007). Dieses Modell unterliegt jedoch, so Habermas (vgl. 1990: 223f., 248ff.), einem inneren Zerfallsprozess, indem und seitdem erstens Öffentlichkeit in immer mehr Gesellschaftsbereiche eindringt und indem und seitdem zweitens das Publikum sich von einem räsonierenden zu einem konsumierenden gewandelt und seine gesellschaftskritische Beobachtungsfunktion aufgegeben hat. Während einst das literarisch-philosophische Räsonnement auf Distanz zu den Marktgesetzen der Kulturgüter bedacht und eingestellt war, wandelt sich unter ökonomischer und massenmedialer Ägide die kritisch reflexive Aneignungspraxis zusammen mit anderen Privatleuten in eine konsumistische im Rahmen einer ›entliterarisierten Pseudoöffentlichkeit‹ (vgl. ebd.: 250). Wo Kant, Forster und Welcker noch an Öffentlichkeit als Mittel nationaler (Verstandes-)Bildung und gesellschaftlicher Integration ebenso glaubten wie an ihre Produktions- und Legitimierungsfunktion politischer Macht, dort sieht Habermas das öffentliche Publikum in einen kleinen elitären Kreis privat räsonierender Spezialisten und Kulturkritiker und die große Masse werbebeeinflusster, unpolitischer, kulturkonsumierender Rezipienten gespalten (vgl. ebd.: 266). Aus der (fatalen) Verschränkung von Privatheit und Öffentlichkeit resultiert für die Privatleute schlussendlich noch die Entlastung freien Räsonnements und politischen Engagements: durch Verbände, Parteien (vom Typ ›Massenpartei mit Oberflächenintegration‹), private wie öffentliche Verwaltung und durch einen radikal kommerzialisierten Journalismus und Presse-/TV-/PR-Markt. Massenmedien und Parteien produzieren dann und dadurch – so Habermas kritisch und desillusioniert zugleich (vgl. ebd.: 320ff., 355ff.) – immer stärker ein manipuliertes Meinungsklima, das gleichermaßen auf oberflächliche (populistische) Akklamationsbereitschaft abzielt wie Desintegration, individualisierte Interessenlagen und Politik-/Öffentlichkeitsverdrossenheit nach sich zieht.

Aufgerufen wird mit Habermas' Studie und Schlussdiagnose die konstitutive Frage nach der Trägerschaft beziehungsweise homogenen Einheit von ›Öffentlichkeit‹ und ›öffentlicher Meinung‹. Eine kritische Ergänzung hat diesbezüglich beispielsweise Noelle-Neumann (1980) unter dem Titel der »Schweigespirale« vorgenommen. Die ›öffentliche Meinung‹ ist demnach nie nur jene, die beobachtbar und publizistisch unterstützt von der Bevölkerung mehrheitlich vertreten wird, sondern auch jene, die

– gerade bei moralischen Sachverhalten, Erregungen und Wertbindungen – entäußert und vertreten wird als Anpassung an die unterstellte Mehrheitsmeinung, um nicht offen diskreditiert oder sozial isoliert zu werden. Wer sich also situativ zu einer Meinungsminorität zählt, wird zum Schweigen neigen und damit zusätzlich die Majorität erhöhen wie legitimieren. In jedem Fall aber sind Faktor wie Referenz der öffentlichen Meinung kommunikative Prozesse – und nicht psychische Systemleistungen, worauf Luhmann (vgl. 1990: 172f., 1999) nachdrücklich aufmerksam macht.

(2) Die systemtheoretische Analyse und Begriffsarbeit konzentriert sich in erster Linie auf die Funktion von Öffentlichkeit/öffentlicher Meinung für die Politik und schreibt damit das demokratietheoretische Modell fort, ohne es jedoch strikt normativ engzuführen. »Die hohe Beliebigkeit des politisch und rechtlich Möglichen soll, wenn nicht durch Wahrheiten, so doch durch diskussionsgestählte Meinungen reduziert werden.« (Luhmann 1970: 6) Analytisch angebunden an die basale Themen-/Beitragsdifferenz, operiert Öffentlichkeit – so die systemtheoretische Beschreibung – mit kollektiven Meinungen zu bestimmten gesellschaftlichen (Konflikt-)Themen; sie fokussiert politische Kontroversen und lässt sich umgekehrt als laienorientiertes ›Diskussionssystem‹ (vgl. Gerhards/Neidhardt 1990: 15ff.) beobachten und adressieren.

Öffentliche Meinung fungiert damit als innerer (höchst instruktiver) Markt der Politik, in dem diese sich hinsichtlich der Zustimmung oder Ablehnung gegenüber Themenbesetzung, Amtsstrukturen, Gesetzgebung, Personalbesetzung und anderweitiger Entscheidungsaggregation gespiegelt sieht und dadurch vor allem »das Prozessieren von Programmen und Personen in Richtung auf Staatsämter« (Luhmann 1999: 31) reflektieren und gegebenenfalls ändern kann. Im Spiegel der (publizierten) öffentlichen Meinung kristallisiert sich die Zwei-Seiten-Form des Dafür oder Dagegen (vgl. Luhmann 1990: 179). Dadurch wird für die Politik »die öffentliche Meinung einer der wichtigsten Sensoren, dessen Beobachtung die direkte Beobachtung der Umwelt ersetzt« (ebd.: 180); sie befähigt zur Selbstbeobachtung, zum Forcieren oder Unterlassen von Entscheidungsprozessen und dient damit der selbstreferenziellen Schließung, indem alle Operationen sowohl an den systeminternen politischen Strukturen und Werten von Macht/Nicht-Macht beziehungsweise Regierung/Opposition ausgerichtet werden als auch an den systemexternen Interessen und Werten der öffentlichen Meinung. Öffentlichkeit übernimmt damit »die Funktion eines Steuerungsmechanismus des politischen Systems, der zwar Herrschaftsausübung und Meinungsbildung nicht determiniert, aber die Grenzen des jeweils Möglichen festlegt. Jede Rolle im politischen Kommunikationsprozeß muß, sofern sie auf Verständnis und Resonanz angewiesen ist, sich der Themenstruktur der öffentlichen Meinung bzw. den Regeln ihrer Veränderung fügen, bleibt also auf Kompatibilität mit der öffentlichen Meinung angewiesen.« (Luhmann 1970: 16) Die jeweiligen Duale von Regierung/Opposition und öffentlichem Dafür/Dagegen liegen quer zueinander und produzieren zu verschiedenen Zeitpunkten, in Abhängigkeit von aktuell diskutierten Sach-/Personalthemen andere Mehrheits- und Zustimmungsquoten. Darin liegt der Motor für politische Entwicklung, Programmreformen und demokratisch dynamische Machtkonstellationen, indem die öffentliche Meinung weniger akklamierendes »zentralisiertes Echo politischer Aktivität« (Luhmann 1990: 182) ist, sondern kritische Themenproduzentin, unberechenbare Mehrheitsgeberin und nicht-institutionalisiertes Korrektiv gegenüber politischen Machtinteressen, Gesetzesinitiativen und parteiinternen Verhandlungen.

Gegenüber dieser politischen Engführung hat Luhmann parallel – im Horizont seiner allgemeinen Theorie sozialer Systeme – den Vorschlag präsentiert, »eine exklusive Zuweisung der öffentlichen Meinung an das politische System« aufzugeben (1970: 25). Dies hat einerseits zur engen Kopplung von Öffentlichkeit und Massenmedien geführt, bisweilen zur vollständigen Integration der Öffentlichkeit (als Kategorie wie auch empirischer Bereich) in die Prozesse, Strukturen und Aufgaben des Systems der Massenmedien (so etwa bei Gerhards/Neidhardt 1990, Gerhards 1994, Kohring 2006; kritisch dazu Göbel 2006 oder auch Baecker 1996: 101f.). Dies hat andererseits zur Differenzierung und Ausweitung der Öffentlichkeitskategorie auf andere Gesellschaftsbereiche und deren Ereignisse und Personen geführt. Als »oszillierende Öffentlichkeit« (Baecker 1996) trifft man sie dann auch in der Wissenschaft, der Wirtschaft, der Erziehung, dem Sport, der Kunst etc. an. Möglich wird diese Ausweitung durch eine Generalisierung ihrer Funktion. Öffentlichkeit betreibt gesellschaftsweit *selbstorganisierte* Beobachtung zweiter Ordnung. Das bedeutet nach Baecker (1996: 94) in erster Hinsicht, »daß die Öffentlichkeit einschränkt, indem sie beobachtet, und diese Einschränkung (a) sich selbst, dem Beobachter, (b) dem Beobachteten und (c) dem Verhältnis zwischen dem Beobachter und dem Beobachteten zur Verfügung stellt.« In zweiter Hinsicht resultieren daraus besondere soziale Grenzziehungen, genauerhin: »Zweitversionen aller Grenzen, die innerhalb der Gesellschaft ausdifferenzieren, was sich als Gesellschaft reproduziert.« (Ebd.: 96) Die Öffentlichkeit kann im Prinzip jedes soziale System beobachten und zum Thema machen, wie dort beobachtet und was von wem entschieden wird. Die Öffentlichkeit informiert (und diskreditiert) damit immer sich selbst *und* ihre gesellschaftliche Umwelt. In der gesellschaftlichen Umwelt führt die Konfrontation mit den entsprechenden öffentlichen Meinungen und Urteilen zur Selbsterfahrung des jeweiligen Systems im Modus der Fremdbeschreibung – und kann nach innen genommen und Anlass für Handlungs- und Strukturänderung werden oder als externes (Grenz-)Ereignis disqualifiziert und an die Sphäre der Öffentlichkeit re-adressiert werden. Flexible Ausweitung und konkrete Folgenlosigkeit haben ihren Grund darin, »daß die Öffentlichkeit mit ihrem Markierungspotential von Grenzziehungen eine Selbstbeschreibung der Gesellschaft erarbeitet, die als bloße Meinung nicht ernst genommen werden muß, also *anschlußunspezifisch* gearbeitet ist und in dieser Form universal zur Verfügung gestellt werden kann.« (Ebd.: 99)

(3) Abschließend wird eine Beschreibung und (normative) Vision von Öffentlichkeit vorgestellt, in der sich eigentümliche Ähnlichkeiten und Anschlüsse zum klassischen Ansatz von Kant, der bereits auf Weltbürgertum und entsprechend Weltöffentlichkeit fokussiert, und zur soziologischen System- und Beobachtertheorie (zweiter Ordnung) entdecken lassen: Roger Silverstones »Mediapolis« (2008). Stärker allerdings gilt es die Differenz und Eigenart zu betonen, die sich vor allem an Silverstones Überlegungen zur Medienmoral und -gerechtigkeit, zur kulturellen Spannung von Universalität/Partikularität und zur transnationalen, ortlosen

Form gegenwärtiger Öffentlichkeit(serfahrung) manifestiert. Sein Ausgangspunkt besteht in der nachhaltigen Bedeutung wie Beteiligung der aktuellen Medienlandschaft bei unserer Erfahrung und Auslegung der Welt beziehungsweise globaler Ereignisse. Die Massenmedien stiften den Kontakt zu anderen Kulturen, machen die Welt in ihrer Pluralität sichtbar und versorgen uns, wie Silverstone formuliert (2008: 37), »im unaufhörlichen, unablässigen, endlosen Spiel mit Differenz und Gleichheit. Das ist die Quelle des Vergnügens wie der Irritationen, die sie uns bereiten.« Bedeutsam ist, dass uns nicht nur (Bewegt-)Bilder der Anderen vermittelt werden, sondern dass wir zum Perspektivwechsel und zur Reflexivität erzogen werden: Die global agierenden Sendeanstalten und Medienunternehmen bieten »uns die Möglichkeit, uns mit den Augen des Anderen zu sehen.« (Ebd.: 62) Diese sich dadurch konstituierende zivile Weltöffentlichkeit, diesen neuen global-medialen Erscheinungsraum bezeichnet Silverstone (gleichermaßen deskriptiv wie normativ) als »Mediapolis«.[31]

Die Mediapolis ist eine virtuelle Weltgemeinschaft der Polyphonie, der Multiperspektivität und Bilderpluralität. Solcher Art verpflichtet sie uns moralisch, die Andersheit anderer Menschen und Kulturen anzuerkennen und gemeinsam Gastfreundschaft und Gerechtigkeit, Fürsorge und Mitgefühl zu praktizieren wie auch zu erwarten – und das nicht nur in weiter Ferne, sondern auch im eigenen nachbarschaftlichen Lebensraum (vgl. ebd.: 130ff. und 160ff.). Flankiert wird dieses moralische und politische Projekt von einer staatlichen Regulierungs- und Erziehungsidee adäquater Medienkompetenz: »Die mediale ›Alphabetisierung‹ der Bürger ist eine Voraussetzung ihrer Partizipation an der Mediapolis. [...] Die Medien bilden den Rahmen unserer Alltagskultur, wer an dieser partizipieren, das heißt auch: über sie mitentscheiden will, muß zur kritischen Analyse und Beurteilung der sozialen Dynamik und Bedeutung der Medien fähig sein. Er muß also vor allem um das wissen, was die Medien verschweigen, was in ihnen nicht transparent gemacht wird, was ihnen stillschweigend zugrunde liegt und welche Folgen diese Bedingungen in moralischer Hinsicht haben. Er muß also mediale Vermittlungsprozesse als soziale und politische Prozesse durchschauen können.« (Ebd.: 274)

Die Bezüge dieser Argumentation und Reflexion zur kritischen Medientheorie, wie sie im IV. Kapitel vorgestellt wurden, dürften offensichtlich sein; weitere werden sich im nachfolgenden Kapitel unter der Überschrift »Massenmedien und Moral« ergeben. Deutlich sollte darüber hinaus werden, dass der Erkenntnisgewinn mediensoziologischer Analysen genau darin liegt und sich dadurch einstellt, dass die Produktivkräfte, Gebrauchsmöglichkeiten und (nicht-intendierten) Interventionen der Massenmedien in der historischen Beschreibung und Erklärung zahlreicher sozialer und gesellschaftlicher Phänomene adäquat berücksichtigt werden. Es macht in dieser Hinsicht einen gewichtigen Unterschied, sich den beiden Fragen zu stellen: Was macht die Soziologie mit den Medien? Und was machen die Medien mit der Soziologie? Gewiss ist: Die Öffentlichkeit schaut zu.

> *Die Entstehung der modernen Gesellschaft,*
> *ihre basalen Prozesse und Integrationsprinzi-*
> *pien, ihre Pathologien und Krisenerscheinun-*
> *gen, ihr Verhältnis zu Kultur und Persönlich-*
> *keit: all diese Probleme hat die Sozialtheorie*
> *bearbeitet, ohne den modernen Massenmedien*
> *dabei mehr als nur eine randläufige Beach-*
> *tung zu schenken. Zwischen dem Stellen-*
> *wert, den die Massenmedien im Alltagsleben*
> *moderner Gesellschaften, im Zeitbudget ihrer*
> *Mitglieder einnehmen, und dem Umfang und*
> *dem Niveau sozialtheoretischer Reflexion über*
> *sie besteht ein klares Mißverhältnis.*
> *(Wenzel 2001: 26)*

1. Sozialkonstruktivismus, Pluralität von Wirklichkeit und die Realität der Massenmedien

Eine der gegenwärtig weiterhin einflussreichsten soziologischen Theorien ist die Systemtheorie Niklas Luhmanns (1927-1998). Nach der allgemeinen Grundlegung seines Theorieprojekts mit »Soziale Systeme« (1984) hat Luhmann in gesellschaftstheoreti-scher Absicht[32] – markant ist hier das Theorem funktionaler Differenzierung – und vor dem zeitdiagnostischen Hintergrund der Idee einer Weltgesellschaft (vgl. 1975a) die vielen verschiedenen Gesellschaftsbereiche beziehungsweise Funktionssysteme einzeln untersucht: vom Recht, über die Wissenschaft bis zu Kunst, Politik und anderen mehr. Entsprechend tragen diverse seiner Monografien den Titel: »X der Gesellschaft«. Diese Programmatik er-streckt sich auch auf die Massenmedien, obgleich der einschlägige Titel variiert wird: »Die Realität der Massenmedien« (1995/1996). Statt die kulturkritische Anklage massenmedialer Verblendung und Wirklichkeitsverzerrung anzustimmen oder Medienwirkun-gen und Rezipientenverhalten zu untersuchen, ist Luhmann an der modernen Ausdifferenzierung der Massenmedien und ihren Selbstschließungsprozeduren interessiert. Der Fokus auf die Massenmedien ist – so weit, so nahe liegend – ein gesellschaftstheoretischer, und vor diesem Hintergrund beobachtet Luhmann die autonome Systemlogik und die eigenrationalen Strukturen und Prozesse der Massenmedien.

Bei der gesellschaftlichen Differenzierung des Systems der Massenmedien haben wir es – im Gegensatz zu anderen Vergesellschaftungsbereichen – mit einem Sonderweg zu tun. Während es Religion, Politik, Recht, Wirtschaft, Kunst etc. bereits in der griechischen und römischen Antike gibt und diese sich dann kontinuierlich spezialisieren und reflexiv werden, sind Massenmedien noch lange nicht erfunden. Und auch nach ihrer Erfindung bilden sie noch keinen Gesellschaftsbereich. Sie sind erst einmal Speichermedien, Verbreitungsmedien und Kommunikationstechniken, kurz: *Umwelt* der Gesellschaft. Daran koppeln sich die Differenzierung und Spezialisierung von Professionsrollen des Journalismus, Nachrichtenwesens und Verlagswesens sowie entsprechende Medienorganisationen. Erst mit dem Reflexivwerden von Verbreitungstechniken – ihrer Funktion, Leistung und operativen Verwendung – entsteht das autonome Funktionssystem der Massenmedien und zeigt sich der typisch selbstreferenzielle Operationsmodus, wonach Medien auf Medien reagieren, Journalisten Journalisten beobachten, eine Publikation oder Sendung auf einer vorherigen basiert. Wie jung die Entwicklung der Massenmedien ist, zeigt sich auch daran, dass die Wissenschaft – ebenfalls im Unterschied zur Behandlung anderer Funktionssysteme – sehr spät reflexiv und forschend auf die Massenmedien reagiert. Zeitungswissenschaft, Publizistik und Medien(wirkungs)theorien treten erst mit Beginn des 20. Jahrhunderts auf, Medienwissenschaft und Mediensoziologie folgen noch viel später.

Die soziologische Systemtheorie behauptet und beschreibt also einen langen Weg der Massenmedien von technischen Einrichtungen der Gesellschaft zu einem eigenständigen System der Gesellschaft. Zu einem sozialen System formieren sich die Massenmedien erst unter den *technischen* Bedingungen elektronischer Rückkopplungen und Vernetzungen und unter den *sozialen* Bedingungen des Ausschlusses von direkter Interaktion zwischen Sendern und Empfängern einerseits und der wechselseitigen Beobachtung massenmedialer Akteure nach selektiven Mechanismen und in einem geschlossenen Feld andererseits. Für kein gesellschaftliches Funktionssystem hat Luhmann eine so deutliche Entwicklungs- und Differenzierungslogik von der (Verbreitungs-)Technologie zum geschlossenen Sozialsystem entworfen. Es scheint aber auch kein anderer Gesellschaftsbereich so hochgradig technologisch abhängig wie jener der Massenmedien. »Für die Ausdifferenzierung eines Systems der Massenmedien dürfte die ausschlaggebende Errungenschaft in der Erfindung von Verbreitungstechnologie gelegen haben, die eine Interaktion unter Anwesenden nicht nur einsparen, sondern für die eigenen Kommunikationen der Massenmedien wirksam ausschließen. [...] Erst damit kommt es zu einer operativen Schließung mit der Folge, daß das System die eigenen Operationen aus sich heraus reproduziert, sie nicht mehr zur Herstellung von interaktionellen Kontakten mit der gesellschaftsinternen Umwelt verwendet, sondern sich *statt dessen* an der systemeigenen Unterscheidung von Selbstreferenz und Fremdreferenz orientiert.« (Luhmann 1996: 33ff.)[33]

Das Begriffspaar von Selbstreferenz und Fremdreferenz beruht auf der systemtheoretischen Grundunterscheidung von System versus Umwelt. Jedes System *ist* ein System innerhalb – besser: gegenüber – einer besonderen Umwelt und vollzieht seine internen (Beobachtungs-)Prozesse einerseits in der Orientierung an eigenen Strukturen (Selbstreferenz) und andererseits in der Orientierung an äußeren Ereignissen und komplexen Umweltbedingungen (Fremdreferenz). Je nach System fällt die (interne) Gestaltung und Umsetzung von Selbstreferenz/Fremdreferenz anders aus. Konstitutiv wird die Welt dadurch in den Plural versetzt. Es bestehen so viele verschiedene Wirklichkeiten im homogenen oder konkurrierenden Nebeneinander, wie es autonome beobachtende Systeme gibt. Diese systemtheoretische These ist mittlerweile innerhalb der sozialwissenschaftlichen Theorie und Lehre fest etabliert. Weithin herrscht Übereinstimmung, dass es keine ontologische Realität ›an sich‹, sondern (Erkenntnis der) Wirklichkeit nur in Relation zu einem beobachtenden System gibt. Weder kann Wahrnehmung als Unmittelbarkeit von Sinneseindrücken noch Kommunikation als Unmittelbarkeit von Gedanken, Meinungen und Absichten verstanden werden. In beiden Fällen werden psychische oder soziale Ereignisse vor dem Hintergrund bestimmter Selektionen, Strukturdeterminationen und Ordnungsmuster konstruiert. »Was mit ›Realität‹ gemeint ist, kann deshalb nur ein internes Korrelat der Systemoperationen sein.« (Ebd.: 19)

Diese Theorieperspektive hat nun besondere Auswirkungen auf das System der Massenmedien. »Mit dem Fernsehen öffnet sich kein Fenster zur Welt, sondern ein Fenster zu unserer Kultur und Gesellschaft« (Schmidt 1994: 17) – und dies gilt für alle Massenmedien. Sie repräsentieren nicht *die* Welt, und sie leisten keine schriftliche, bildliche, tönende Wiedergabe oder Widerspiegelung der einen Welt (wie sie *ist*). Die Massenmedien erzeugen stattdessen *eine* Realitätskonstruktion – unter vielen und für viele. Im Print-, Radio- oder Fernsehwesen wird nach eigenen Gesetzmäßigkeiten beobachtet, ausgewählt und ein Angebot erstellt, das wiederum von den Rezipienten zur eigenen Wirklichkeitskonstruktion verwendet werden kann. In diese massenmediale Realitätsform gehen bestimmte Voraussetzungen und konditionierende Selektionen ein – sie ist erst dadurch möglich. Weil dies aber für jede Beobachtung konstitutiv ist, geht die (ideologische) Unterscheidung von Lebenswirklichkeit versus Medienwirklichkeit ins Leere; sie ist vielmehr selbst Produkt einer ideologisch verfahrenden Medienkritik.

Eine solcher Art sozialkonstruktivistisch ausgerichtete Mediensoziologie gewinnt nicht zuletzt eine gewisse Brisanz für die Medienpraxis. Der *journalistische Realismus* beispielsweise ist als je spezifische Wirklichkeits- und Nachrichtenkonstruktion zu begreifen, die aus bestimmten kognitiven, kommunikativen und redaktionellen Selektionskriterien resultiert. Kein Journalist gibt demnach etwas ›objektiv‹ von der Welt wieder, sondern produziert aufgrund von Vorerfahrungen, selektiver Recherche, publizistischen Leitlinien und (Publikums-)Erwartungen Ereignisse im Nachrichten- oder Boulevardformat. Wie jede Beobachtung *von jemandem* beobachtet ist, so ist auch jedes Faktum von jemandem aufgestellt, jede Nachricht von jemandem berichtet und jeder Kommentar von jemandem gesprochen oder geschrieben. Kontextloses, referenzloses, beobachterunabhängiges Publizieren (beziehungsweise Rezipieren auf der Gegenseite) ist die gleiche Illusion wie die Erkenntnismöglichkeit der Welt oder Wirklichkeit ›an sich‹.

Zunehmend treten in der (spät-)modernen Gesellschaft Vermittlungs- und Lernprozesse auf der Grundlage ureigener Erfahrungen oder persönlicher Mitteilungen von konkreten Anderen in den Hintergrund. Unser Wissen ist vielmehr ein aus Büchern, Zeitungen, dem Fernsehen oder Internet gewonnenes; dieser Sachverhalt gilt im Übrigen auch für (Hochschul-)Lehrer und andere Erzieherrollen. Deshalb kann Luhmann – in dezidierter Anlehnung an Schelsky (1979: 310f.) – konstatieren: »Was wir über unsere Gesellschaft, ja über die Welt, in der wir leben, wissen, wissen wir durch die Massenmedien. [...] Andererseits wissen wir so viel über die Massenmedien, daß wir diesen Quellen nicht trauen können. Wir wehren uns mit einem Manipulationsverdacht, der aber nicht zu nennenswerten Konsequenzen führt, da das den Massenmedien entnommene Wissen sich wie von selbst zu einem selbstverstärkenden Gefüge zusammenschließt.« (1996: 9)

Die Realität der Massenmedien ist nach Luhmann eine zweifache: Zum einen gibt es jene, die *in* den Massenmedien selbst abläuft, durch deren interne Operationen hervorgebracht und selbst organisiert wird. Zum anderen gibt es jene, die *durch sie für andere* (soziale oder psychische Systeme) beobachtbar und kommunizierbar wird. Die eine ist die, die sie betreiben; die andere die, die sie verbreiten. Massenmedien fertigen laufend Selbstbeschreibungen der Gesellschaft an, sodass verschiedene Sozialsysteme (aber natürlich auch psychische Systeme) sich mit diesen Realitätsspiegelungen auseinander setzen, Medienthemen aufgreifen, behandeln oder ablehnen, interne Strukturen verfestigen oder ändern können. Die prinzipiell weltweite Verbreitung dieser Beobachtungen zweiter Ordnung ist zwar enorm durchschlagend und synchronisiert Neuigkeiten und Wissenswertes, erzeugt aber keineswegs eine »konsenspflichtige Realität« (ebd.: 164) für alle anderen beobachtenden Systeme, sondern hat Orientierungs- und Reflexionscharakter. Je nach Eigenbedarf und Entscheidungsdruck kann sich z.B. die Politik durch die »öffentliche Meinung« veranlasst sehen, bestimmte Sparprogramme zu stoppen und Gesetze zu revidieren. Oder Organisationen können sich über Märkte, Konkurrenten, Personalwechsel und Preise durch die Massenmedien informieren, um ihre eigenen Entscheidungen zu reflektieren, Strategien zu ändern und ihr operatives Geschäft zwischen (bindender) Vergangenheit und (offener) Zukunft zu planen. Als kontinuierliche Wirklichkeitsgeneratoren im Beobachtungsmodus zweiter Ordnung schaffen die Massenmedien ein (re-aktualisiertes) Hintergrundwissen und Voraussetzungen für weitere Kommunikationen, die zukünftig als bekannt gelten können und »*die nicht eigens mitkommuniziert werden müssen*« (ebd.: 120).

2. Funktionen und Programmbereiche der Massenmedien

Für die systemtheoretische Bestimmung der Massenmedien als Gesellschaftssystem ist der Nachweis einer speziellen, exklusiven Funktion wichtig, die nirgendwo anders für die Gesamtgesellschaft erbracht wird. Dazu haben neben Luhmann vor allem Marcinkowski (1993), Schmidt (1996, 2000a), Blöbaum, Sarcinelli, Saxer und andere Vorschläge unterbreitet. Auf einen Nenner gebracht, liegt die Hauptfunktion der Massenmedien darin, Ereignisse als informationswürdig und publikationsrelevant zu bewerten und sie dann gesellschaftsweit zu verbreiten. Mittels ihres Codes *Information/Nichtinformation* beobachten sie Gesellschaft und Kommunikationen daraufhin, welche Informationen für welche Publika und Rezeptionsgruppen sehens- und hörenswert sind, worüber also berichtet werden muss (und zwar entweder in Form von Nachrichten oder Unterhaltung oder Werbung und PR). Massenmedien erzeugen so eine allgemeine (zumindest als solche jederzeit und überall unterstellte) Bekanntheit von Informationen und einen (bis auf weiteres) verbindlichen Wissensvorrat. Sie sind das *Gedächtnis der Gesellschaft* (vgl. Luhmann 1996: 120f.; Esposito 2002: 262f.). Mit jeder Veröffentlichung gelten Weltereignisse, Sinnangebote, Handlungsschemata, Meinungen etc. als bekannt; und diese Besetzung und Durchsetzung von Themen ist hochgradig davon entkoppelt, ob und wie dazu Stellung bezogen wird.

»Einerseits saugen Massenmedien Kommunikation an, andererseits stimulieren sie weiterlaufende Kommunikation.« (Luhmann 1996: 176) So synchronisieren sie eine der Gesellschaft und den Individuen bekannte Gegenwart, die fortan verbindlich wirkt beziehungsweise wirken kann. Je nach Situation und Relevanz lassen sich aktuell oder erinnernd durch die Massenmedien (Unterhaltungs-)Themen finden und besprechen, können sich Unternehmen auf Neuigkeiten am Markt einstellen, in Echtzeit Börsenkurse erfahren oder beeinflussen und Zukunftsentscheidungen treffen, oder es informieren sich Politiker über ihr öffentliches Ansehen und den möglichen Unmut gegenüber unpopulären Entscheidungen. Kurz und wiederholend gesagt: Die Funktion der Massenmedien besteht darin, das Gedächtnis und Archiv der Gesamtgesellschaft zu sein, (aktuelle) Selbstbeschreibungen der Gesellschaft anzufertigen, die (Selbst-)Beobachtung anderer Gesellschaftssysteme zu dirigieren (vor allem Politik, Wirtschaft und Sport beobachten sich im Spiegel der Massenmedien) und die kommunikative Integration des dispersen Publikums herzustellen.

Das System der Massenmedien selegiert das, was allen bekannt sein soll, in drei differenzierten und je professionalisierten Programmbereichen: Nachrichten/Berichte, Unterhaltung und Werbung. Dort wirken unterschiedliche Beobachtungsfilter, und jedem Bereich kommt eine gesellschaftliche Sonderfunktion zu.

Nachrichten

Tagtäglich und rund um die Uhr werden Nachrichten von überall gesendet – einiges ereignet sich von selbst, anderes wird für die Massenmedien produziert und wieder anderes von den Massenmedien selbst inszeniert. Dieses Nachrichtennetz legt fest, was an Neuem geschehen ist und was man entsprechend zu wissen hat. »Bei Informationen, die im Modus der Nachrichten und Berichterstattung angeboten werden, wird vorausgesetzt und geglaubt, daß sie zutreffen, daß sie wahr sind. [...] Selbstverständlich muß, wie überall, mit Fehlerquoten gerechnet werden. Wichtig ist, daß sie nicht hochgerechnet werden zu einem mehr oder weniger typischen Normalfall. Es bleiben Einzelereignisse.« (Luhmann 1996: 55f.) Die Massenmedien (und ein professioneller Journalismus) haben nun besondere Selektoren und Schematismen entwickelt, um Ereignisse mit Nachrichtenwert identifizieren und verbreiten zu können. Oder anders: Weil kein Ereignis an sich berichtens-

wert ist, bedarf es spezifischer Beobachtungsprogramme und Leit-
direktiven, um etwas als Nachricht zu kommunizieren.

Schon die ersten Zeitungsmacher wussten, dass Aktualität ein
besonderer Wertfaktor ist und dass ihre *news* die Leser zum anschließenden Staunen, Nachdenken und Gespräch anregen sollten. Interessant ist, was ein ›Ach, was?!‹ oder ein ›Unglaublich!‹
entlockt. In der stärkeren Orientierung an der Verschiedenheit
der Leserkreise und ihrer angestrebten Rückbindung an die eigene Zeitung bildet sich im 19. Jahrhundert die einschlägige Formel
heraus: Liebesgeschichten und Klatsch für die Frauen, Sport und
Politik für die Männer – und das Wetter für alle (was sich sehr
viel später die Deutsche Bundesbahn für eine erfolgreiche Wer-
bekampagne zunutze macht). Im engeren Sinne geht die *Nachrichtenwerttheorie* auf die prominente Studie von Galtung/Ruge
(1965) zurück, die vier norwegische Zeitungen bei ihrer Berichterstattung der Kongo- und Kuba-Krise 1960 und der Zypern-Kri-
se 1964 vergleichend untersucht haben. Im Ergebnis stellen sie
zwölf Nachrichtenwertfaktoren vor (u.a. *frequency, threshold, unex-
pectedness, reference to elite persons, reference to something negative*
etc.), die sich entweder additiv, komplementär oder ausschließend
auf die Berichterstattung auswirken. Die von Luhmann (1996:
58ff.; zum aktuellen Forschungsstand Ruhrmann et al. 2003 und
Maier et al. 2010) angeführten, auf Nachrichtenproduktion spezialisierten Selektoren sind in aller Kürze: Neuheit, Konfliktthemen,
Quantitäten, lokaler/nationaler Bezug, Norm- und Moralverstöße,
Außergewöhnliches, (prominente) Personen, ergänzende Kommentare oder Meinungsäußerungen. Je mehr Nachrichtenwerte
in einem Ereignis zusammenfallen (man denke an den Absturz
eines Passagierflugzeugs oder eine Erdbebenkatastrophe), umso
wahrscheinlicher ist seine publizistische Behandlung und massenmediale Verbreitung. Und umgekehrt: Wenn keine oder wenige Nachrichtenwerte von einem Ereignis (bei immenser Gleich-
zeitigkeit anderer gesellschaftlicher Ereignisse) bedient werden,
dann ist die Nichtveröffentlichung, sein Verschweigen und Vergessen wahrscheinlich.

Der Nachrichtenbereich hat es mit einer konstitutiven Insta-
bilität zu tun, die noch für kurze Zeit Bekanntes neu kommen-
tieren und kontextieren lässt, aber prinzipiell zu einer raschen

Verlagerung auf andere Ereignisse und Anlässe gezwungen ist. Ohne Aktualitätskern in Differenz zu Bekanntem passiert kein Ereignis erfolgreich die massenmediale Selektion und erreicht es keine (unterstellte) Aufmerksamkeit auf Rezipientenseite. Aus diesem Zwang zur Aktualität hat sich die komplexe Struktur von journalistischem (Recherche-)Handeln, thematischer Spartenpluralisierung und verschiedensten Medienformaten/-distributoren ausdifferenziert. Mag die Welt(gesellschaft) auch ausreichend Ereignisse hervorbringen und der massenmedialen Beobachtung anheim stellen; dies scheint hinsichtlich des Überraschungs- und Neuheitswertes längst nicht mehr auszureichen. Deswegen produzieren die Massenmedien zudem ihre eigenen Szenarien – die nicht für jedermann unbedingt einer öffentlichen Berichterstattung wert sind –, um dem unhintergehbaren Aktualitätsprinzip zu folgen. Inszenierte Interviews, selbst ausgelobte Medien- und Kritikerpreise mit entsprechenden Festveranstaltungen, die Selbstreproduktion und Selbstreflexivität des Fernsehprogramms durch sein Archivmaterial, der (kritische) Kommentar, die Wiedergabe eines relevanten Meinungsspiegels oder von Umfragedaten, ein auf sich wechselseitig verweisendes Medienverbundsystem (mit entsprechendem Merchandising), die satirische Behandlung eines Themas oder der Konkurrenz auf dem Presse- und TV-Markt sind solche Fälle der selbstreferenziellen Bezugnahme der Massenmedien auf sich selbst wie auch Fälle ihrer eigenen Inszenierung. So ist alles in allem garantiert, dass auch weiterhin tagtäglich das Netz der Nachrichten uns beziehungsweise die Gesellschaft (glaubwürdig) mit Wissenswertem, Katastrophen, Skandalen und Meinungen versorgt.

Unterhaltung

Im Gegensatz zur Informierung über die ›realen‹ Weltereignisse produziert der massenmediale Programmbereich der Unterhaltung idealtypisch Informationen und Wissen über fiktive, imaginäre, ›gespielte‹ Weltereignisse (siehe allgemein zur Unterhaltungstheorie: Früh/Stiehler 2003). Vor dem Hintergrund des Bekannten wird eine Welt in der Welt präsentiert, die *auch* sein könnte oder *noch nicht* vorstellbar oder *so* nicht vorstellbar ist.

Einerseits nutzt Unterhaltung den teilweisen Rückbezug auf die bekannte, pragmatische Alltagswelt, um Miterleben und Identifikation überhaupt zu ermöglichen; andererseits, um sich umso pointierter davon abzuheben. Mit dieser Doppelausrichtung zielt Unterhaltung auf die affektuelle und/oder kognitive (Re-)Aktivierung von eigenen Erlebnissen, Hoffnungen, Befürchtungen oder selbst nicht Denkbarem. Die Entwürfe von künstlichen Welten werden in verschiedenster Form realisiert und verbreitet: als Roman, Novelle, Hörspiel, TV-Familienserie, Action-Kino. Aber auch Casting-, Game- oder Sport-Shows konstruieren außeralltägliche Wirklichkeiten, in denen sich das disperse Publikum vergnügen oder mit eifriger Aufgeregtheit positionieren kann. Das *künstliche* Moment besteht dort vor allem in der eigenen Nicht-Zugänglichkeit zu dieser Situation.

Die massenmedialen Formen und Formate der Unterhaltung sind artifiziell und kommerziell und müssen für ihr Publikum und ihre Konsumenten einen Index der Attraktivität besitzen. Sie stimulieren den Vergleich im Horizont der Möglichkeiten und mobilisieren persönliche Gespräche und Aushandlungen über Bedeutungen, Werte und Ästhetik der konsumierten Produkte und das entsprechende Erleben. »Der ›Witz‹ der Unterhaltung ist der ständig mitlaufende Vergleich, und Formen der Unterhaltung unterscheiden sich wesentlich danach, wie sie Weltkorrelate in Anspruch nehmen: bestätigend oder ablehnend, mit bis zuletzt durchgehaltener Ungewißheit des Ausgangs oder beruhigend mit Sicherheit: mir kann so etwas nicht passieren. Psychische Systeme, die an Kommunikation durch Massenmedien teilnehmen, um sich zu unterhalten, werden dadurch eingeladen, auf sich selbst zurückzuschließen.« (Luhmann 1996: 114)

Die spezielle gesellschaftliche Funktion von Unterhaltung besteht also in der medientechnischen Erzeugung und massenhaften Verbreitung von Sonderrealitäten zum Zweck der entlastenden Zerstreuung, zum unangestrengten Amüsement und Genießen, zur immersiven Aktivität jenseits gegebener Alltags(zweck)rationalität oder zur bewussten Identifikation und Selbstvergewisserung des eigenen Lebens. Keine Unterhaltungswelt legt jemanden auf etwas fest oder hat direkte praktische Konsequenzen – außer man will es (und dann wird aus Spaß oft Ernst). Unterhaltung firmiert eher und vielmehr im *modus potentialis* als Übungsstätte und Testangebot für (einfühlendes) Fremdverstehen, soziale Rollenkompetenz, kulturelle Normalitätsmechanismen (respektive Gegenmodelle) und etablierte Vergesellschaftungspraxen.

Werbung

Für Ökonomen (exemplarisch Kroeber-Riel/Esch 2011) liegt die Hauptfunktion von Werbung darin – und solcher Art ist sie Praxiselement des Marketing(mix) –, den Absatz bestimmter Produkte anzuregen oder zu erhöhen, Dienstleistungen zu vermitteln beziehungsweise zu verkaufen und Kunden zu binden; und Medienökonomen stellen die damit verbundene Finanzierung von Medienorganisationen und -formaten in den Vordergrund. So richtig es ist, dass öffentliche und private Medienunternehmen von werblichen Einnahmequellen abhängen und sich eine Krise der Werbebranche zwangsläufig als Krise der Medienbranche auswirkt (und umgekehrt), so wenig gerät damit die originäre gesellschaftliche Funktion der Werbung in den Blick. Aus (medien-)soziologischer Perspektive (vgl. Krallmann et al. 1997 und Willems 2002) ist es ihre Aufgabe, als Orientierungshilfe und selektive, handlungsrelevante Aufmerksamkeitssteuerung zu fungieren: für Waren, Dienstleistungen, Personen, Organisationen, Medienformate u.a.m. Vor dem Hintergrund eines jeweils komplexen Marktes beziehungsweise Angebotes – und damit verbundener Entscheidungsunsicherheit – soll Werbung für *Selektionssicherheit* (vgl. Luhmann 1996: 89) sorgen, Geschmacks- und Wertpräferenzen vorgeben.

Im Idealfall erzeugt Werbung inmitten von Konkurrenz eine ganz speziell intendierte, *folgenreiche Aufmerksamkeit* (vgl. Schmidt 1996: 121) bei vielen: Ein Produkt wird gekauft, ein Kinofilm angeschaut, ein Politiker gewählt, ein Projekt unterstützt. Um diese positive Annahme eines Entscheidungsvorschlags erfolgreich nach den Intentionen des Auftraggebers auf Seiten der Zielgruppe durchzusetzen, greift Werbung auf professionalisierte Stilelemente und Kommunikationsformen zu ebenso wie auf Massenmedien und deren Distributionsstärke. Ihre kommunikative Strategie basiert auf:

- einer exklusiven, offenen Parteilichkeit (diese Marke, Partei, TV-Serie und keine andere!);
- einer extremen Idealisierung der Eigenschaften des Beworbenen: nur Positives wird benannt, mit Superlativen belegt; nach der *Ausblendregel* (vgl. Schmidt 1996: 136) wird all das vermieden/verschwiegen, was die Überzeugung und Attraktivität beeinträchtigen könnte;
- einer dramatischen Inszenierung mit Lösungscharakter für potenzielle oder aktuelle Handlungsprobleme (»Leben Sie. Wir kümmern uns um die Details.«; Produkt A macht Sie schöner; Waschmittel X beseitigt jeden Fleck; »Nichts ist unmöglich.«).

Die Wirklichkeit (in) der Werbung ist die kontinuierliche (Re-) Konstruktion von Idealtypen und Idealwelten. Dafür und dabei bezieht sich Werbung auf etablierte Werte und Normalitätsmodelle aus der Alltagswelt oder aus funktional differenzierten wie spezialisierten Gesellschaftssystemen. Geworben wird beispielsweise mit dem ökonomischen Wert des (niedrigen) Preises, dem medizinischen der Gesundheit, dem ästhetischen des Geschmacks oder dem wissenschaftlichen der Wahrheit und des (Erkenntnis-/ Technik-)Fortschritts. Entscheidend für Werbung ist also weniger, dass (meistens) für sie gezahlt wird, sondern dass sie in variantenreicher und gleichzeitig ästhetisierter, oberflächlicher Weise ihre gesellschaftliche Umwelt beobachtet, ihre parteilichen und hyperstilisierten Informationen und Orientierungsleistungen an möglichst viele verbreitet und schließlich intendierte Handlungsfolgen auslöst. Die Ästhetik und Rhetorik der Werbung produzieren ein Begehren; und zugleich setzen sie das Beworbene als Erfüllung des Begehrens ein. Die Werbung ist somit eine jeweils zeitgemäße gesellschaftliche Traum- und Wunschmaschine, die Rezipienten und Konsumenten an ökonomische, politische oder kulturelle (Angebots-)Märkte bindet.

Letztlich kann die Werbung alles und jeden mit Aufmerksamkeit versehen und mit entsprechendem Design zur Selektionssicherheit wie auch zur Unterstützung bestimmter (bis dahin unbekannter) Motive beitragen. Oder umgekehrt: Prinzipiell alle Gesellschaftsbereiche (Wirtschaft, Politik, Kirchen, Hochschulen, Museen etc.) und Personen (Stellenanzeigen, Heiratsannoncen etc.) können heute für sich werben lassen (vgl. zur entsprechenden Gattungstypik: Krallmann et al. 1997). Das Problem der Werbung liegt aber immer darin, (mehr oder minder) kontinuierlich Neues präsentieren und dies gleichzeitig mit Tradition, Bewährtem, Markentreue verbinden zu müssen. Werbung und (Unternehmens-)Management haben dieses Verhältnis von Varietät und Redundanz zu gestalten und bekannt zu machen. Typisch dafür sind eine hohe Standardisierung bei gleichfalls hoher Oberflächendifferenzierung (vgl. Luhmann 1996: 94). Im negativen Fall kommt es zum *Werbeparadox* (vgl. Schmidt 2000a: 270f.): Je mehr Werbung geschaltet und verbreitet wird, umso stärker die Aufmerksamkeitskonkurrenz inmitten des gesamten Werbefeldes selbst. Darauf wird mit aufmerksamkeits- und effektintensiverer Werbung reagiert, die schlussendlich vom Beworbenen ablenkt und kaum oder keine signifikante Erinnerung und Handlungsbereitschaft (mehr) auslöst.

Zusammenfassend verdeutlicht nun Tabelle 3 die Binnendifferenzierung der modernen Massenmedien und ihre gesellschaftliche Ausformung auf der Makro-, Meso- und Mikroebene.

Tabelle 3: Synopse massenmedialer Systemformen

Funktionssystem der Massenmedien	Massenmediale Organisationen	Massenmediale Interaktionen
Primärcode: Information/Nicht-Information; Sekundärcode: veröffentlicht/nicht-veröffentlicht Kommunikationsmedium der *Publizität* interne Differenzierung in Programmbereiche der Nachrichten/Berichte, Unterhaltung, Werbung	Verlage Sendeanstalten Nachrichtenagenturen Journalistische Redaktionen Werbe-/PR-Agenturen Filmindustrie etc.	Produktion und Distribution (und beobachtbare Rezeption) von massenmedialen Ereignissen und Formaten Journalistisches Handeln Werbe- und PR-Kommunikation etc.

3. Massenmedien und Moral

Die folgenden Überlegungen gehen von der These aus, dass die Massenmedien nicht nur Selbstbeschreibungen der Gesellschaft anfertigen, Wissen archivieren, eine gesellschaftsweit gleichförmige Realität vermitteln und als ent-/bezaubernde Unterhaltungsindustrie dienen, sondern auch mittels moralischer Kriterien und Beobachtungsweisen die Gesellschaft (über sich selbst) *alarmieren*. Sie informieren in der Form des Skandals über gesellschaftsstrukturelle Missstände, Normverstöße, Wertverletzungen und beunruhigende Realitäten. Neben dieser Funktion der Sensibilisierung für Moral ist aber auch eine zunehmende Trivialisierung und alltägliche Inflationierung von Moral festzustellen. Diese Beobachtung betrifft den Unterhaltungsbereich, in dem vor allem durch die Boulevardpresse und die *daily talk*-Formate moralisiert wird – und zwar in ungeahnter Häufigkeit, höchst kontext-relativ, d.h. ohne stabile Beobachtungs- und Auslegungsprogramme, und typisch ohne Veränderungsintention beziehungsweise Druck auf rechtsförmige Konsequenzen. Nicht zuletzt dadurch ist Moral gesellschaftsstrukturell ›ausgehängt‹ und wird in der oder als Inszenierung zweckentfremdet.

Wenn man für die spätmoderne Gesellschaft einen ›Ort‹ der Moral angeben soll, dann ist einerseits auf Familie (nebst weiterführender Erziehungsinstitutionen) und andererseits auf die Massenmedien zu verweisen. Trotz landläufiger Unkenrufe und alltagsweltlicher Beschwörungen eines allgemeinen Werteverfalls und Rückgangs anständigen Benehmens lässt sich soziologisch feststellen, dass Moral keineswegs nivelliert wurde oder gar obsolet ist. Die Moralentwicklung in der (früh-)kindlichen Sozialisation vermittelt weiterhin gemeinschaftliche Werte des Respekts, der Nächstenliebe, der Anerkennung des Anderen beziehungsweise anderer Einstellungen, der Disziplin, der Ehrlichkeit etc. Ebenfalls stabil ist das moralische Beobachtungs- und Bewertungsschema von gutem versus schlechtem Handeln und Entscheiden sowie Achtung versus Missachtung von Personen.

Was sich allerdings geändert hat (vgl. zum Folgenden: Ziemann 2004 und 2011: 237-276), ist erstens, dass die familial vermittelten Werte und Lebensformen nicht direkt auf andere gesellschaftliche

Teilbereiche übergreifen und dort strukturell fortwirken. Zweitens kommt der Moral keine hierarchisch-zentrale Position oder die *idée directrice*, die gesamtgesellschaftlich integrierend wirkt, mehr zu. Funktionale Ausdifferenzierung bedeutet ja schließlich Autonomie der Gesellschaftssysteme und Selbststrukturierung nach eigenen Programmen. Ein moralisches Meta-Programm ist damit ebenso ausgeschlossen wie ein direkter Durch- oder Eingriff eines Funktionssystems in ein anderes. »Für ein Verständnis der normativen Verfassung der Gesellschaft will es mir deshalb unabdingbar erscheinen, nicht eine Moralität für sie in Anspruch zu nehmen, die sich in ihr nicht wiederfinden läßt, *nota bene:* als normative. Weder findet sich das Subjekt gleichermaßen emotional an die anonymen anderen gebunden wie an die bedeutsamen anderen des kindlichen Umfeldes, noch ist Moralität in der Gesellschaft eine *conditio sine qua non* der gesellschaftlichen Verfassung.« (Dux 2001: 425) Dies heißt, um die Trennung zwischen mikro- und makrologischer Gesellschaftsebene noch stärker zu betonen: Moral ist bei Vergemeinschaftung oder in konkreten Interaktionen unter Anwesenheitsbedingungen und mit einer je persönlich aufgebauten und sich fortsetzenden Systemgeschichte durchaus äußerst konditionierend wie integrierend wirksam. Und dafür – aber nur dafür – gelten jene moralischen Maximen der altruistischen Selbstspiegelung und -einschränkung; angefangen beim ›Kategorischen Imperativ‹ Immanuel Kants, über Nietzsches Diktum (»Handle stets so, dass du die fröhliche Wiederkehr deiner Handlungen verlangen und wollen kannst!«), bis hin zur ›Goldenen Regel der Moderne‹: »Achte und wahre die moralische Ordnung der Gesellschaft in gleichem Maße, wie Du wünschst, daß die Gesellschaft Deine Autonomie achtet und wahrt.« (Etzioni 1997: 19)

Drittens ist von der Vorstellung eines einheitlich verbindlichen Wertekanons abzurücken. Moral ist mit dem Übergang in die Moderne nur noch im Plural zu haben. Vor dem Hintergrund des soziokulturellen und gesellschaftsstrukturellen Wandels in der Moderne (Säkularisierung, Kontingenz, funktionale Ausdifferenzierung, Polykontexturalität, Individualisierung etc.) kann sich Gesellschaft nicht mehr auf einen allgemeinen moralisch-normativen Konsens beziehen und begründen. Der situative Kontext wird demgegenüber zur entscheidenden Bezugs- und Bedeutungsgröße. Obgleich also das Moralschema selbst (gut/böse und Achtung/ Missachtung) stabil bleibt, so gilt dies keineswegs für die entsprechenden und notwendigen Programmierungen beziehungsweise Auslegungen. Die Beobachtungsregeln werden instabil, weil sie je nach Vergesellschaftungsbereich und sozialen Kreisen und ebenso je nach Regionalität variieren (vgl. Luhmann 1997: 401f.). Die Polizei beobachtet moralisch anders als Demonstranten oder geblitzte Autofahrer; deutsche Politiker anders als ihre Amtskollegen in China; und wieder anders wird bei »Harald Schmidt« moralisiert als bei »Vera am Mittag« oder »Britt«. Das Resultat ist eine »Individualisierung der moralischen Referenz« (ebd.: 248), und jeder meint mit guten Gründen der inneren Überzeugung, auf seinen Wertmaßstäben insistieren zu können, wenn sie nicht sogar anderen aufzwingen zu dürfen. Zur Moral gehört deshalb die Kontroverse, immer auch eine Gegenauffassung aufgrund anderer Unterscheidungskriterien. Moral verdoppelt in diesem Sinne die Verhältnisse von Inklusion und Exklusion. Sie macht im Pro *und* Contra kenntlich, wer sich an die Wertprämissen hält und wer aufgrund von Abweichung ausgeschlossen oder diskreditiert wird – und dies immer auf beiden Seiten.

Viertens ist festzustellen, dass die moderne Gesellschaft über keine strikte Kopplung mehr zwischen Recht und Moral (oder in früheren Zeiten: zwischen Religion und Moral) verfügt. Die Pluralisierung wie auch Verfeinerung moralischer Empörung und Empfindlichkeit löst keine unmittelbaren Rechtsfolgen aus. Das Rechtssystem verfügt über andere Beobachtungs- und Entscheidungsprogramme und sehr spezielle Geltungskriterien. Erst wenn eine Übersetzung von gut/schlecht in Recht/Unrecht gelingt, können faktische Konsequenzen im Rechtssystem gezogen werden. Und das Rechtssystem tut hinsichtlich seiner Operations- und Reproduktionsfähigkeit gut daran, sich prinzipiell *moralabstinent* zu halten. Hierunter fallen nicht zuletzt alle richterlichen wie anwaltlichen Maßnahmen gegen eine moralische Vorabverurteilung des Angeklagten. »Legitimation durch Verfahren« lautet die Formel (der organisierten Gerichtsbarkeit) – und nicht: Legitimation durch Moral. Moralabstinenz beziehungsweise Amoralität ist auch für die anderen Gesellschaftssysteme operativ höchst funktional, indem sie ihre Operationen und Restrukturierung allesamt jenseits persönlicher Achtung/Missachtung und guter versus schlechter Kommunikation oder Handlung vollziehen.[34] Moral würde demgegenüber wie eine Stoppregel wirken. Wofür beispielsweise gezahlt wird, kann und soll nicht gut/schlecht bewertet werden, weil eben auch Waffenkäufe, Zahlung für Prostitution, niedrige Preise für Massenproduktionswaren (im Verbund mit Kinderarbeit) den wirtschaftlichen Kreislauf fortsetzen, ökonomisch ›Sinn machen‹ und für Profit sorgen. *Pecunia non olet!* Deswegen sind im Fahrwasser funktionaler Differenzierung auch alle Ansätze einer »moral economy« so schwer zu realisieren, wenn nicht zum Scheitern verurteilt.

Fünftens schließlich tritt als moderner Taktgeber für Moral das Funktionssystem der Massenmedien auf. Moralabstinenz wäre dort gerade dysfunktional. Die gesellschaftliche Umwelt wird, neben anderen journalistischen Programmierungen, moralisch beobachtet, die dann selegierten Ereignisse werden in die Form des Skandals gebracht; und schon sind (idealtypisch als Kontrollorgan der repräsentativen Demokratie) entweder Regelverstöße und Grenzverletzungen in gesellschaftlichen Teilbereichen aufgedeckt. Oder es werden reichweitenstark (aber deswegen keinesfalls auch allgemein konsensfähig!) bestimmte Werte je nach Ereignisanlass und Kontexten favorisiert: mal Bildungs- oder Rechtsgleichheit, mal Wohlstandssteigerung; teils Kampagnen gegen Drogenkonsum oder Alkohol im Straßenverkehr, teils mehr Schutz für Natur und Tiere, teils mehr Respekt im Umgang mit Benachteiligten. Die Massenmedien garantieren nicht nur Meinungsbildung und Meinungsvielfalt, sondern schärfen auch die soziale Aufmerksamkeit und ein kritisches Bewusstsein für gute/schlechte Wirklichkeitsformen und den Grad an Achtung/ Missachtung gegenüber verschiedenen Rollenträgern (in Politik, Wirtschaft, Kunst, Sport etc.). Man hat dies seit spätmodernen Zeiten zu wissen und zu achten und seine massenmediale Fremdbeobachtung (vor allem im Falle sozialen Aufstiegs) bestmöglich zu kontrollieren beziehungsweise von jedem moralischen Verdacht freizuhalten. Nachgerade der Wille zur Macht muss mit Moral rechnen – als selbst auferlegtes Bewertungsschema, das in die politische Zukunft reicht, und als Beobachtungsprinzip und

Verantwortungserwartung der Medienzunft und aller Anderen, welche die Vergangenheit beleuchten.

Moral hat also im Laufe der (reflexiven) Modernisierung keinen eigenständigen Funktionsbereich ausgebildet, sondern wurde aus partikularen Lebensgemeinschaften herausgelöst und als frei verfügbares, zirkulierendes Kommunikationsmedium etabliert (vgl. Münch 1995: 220). Keineswegs verfällt sie dabei grundsätzlicher Beliebigkeit, vielmehr gerät ihr stabiler Code ins Spannungsfeld zwischen partikularen und globalen Lebenszusammenhängen wie auch Auslegungsvarianten. Als Resultat des gesellschaftlichen Universalisierungsprozesses und der Transzendenz persönlicher Erwartungen und verhandelbarer Zurechnungen »wird die Formulierung moralischer Maßstäbe vom konkreten Handlungsvollzug in begrenzten sozialen Kontexten abgetrennt. Die Einheit von Moral und Handeln wird aufgebrochen.« (Ebd.: 221) Ins Funktionale gewendet heißt das: »Offenbar rekrutiert die Gesellschaft für gravierende Folgeprobleme ihrer eigenen Strukturen und vor allem ihrer Differenzierungsform moralische Kommunikation. [...] Moralische Kommunikation wird jetzt freigegeben und dorthin geleitet, wo beunruhigende Realitäten sichtbar werden [...]. Zu den wichtigsten Problemen, die heute moralisch geladene Aufmerksamkeit auf sich ziehen, gehören Praktiken, mit denen die Trennung der Code-Werte und damit die Codierungen der symbolisch generalisierten Kommunikationsmedien sabotiert werden.« (Luhmann 1997: 404) Pointiert lässt sich bis hierher sagen: Wer informiert die Gesellschaft über sich selbst? Die Massenmedien! Wer alarmiert die Gesellschaft über sich selbst? Die Moral! Wer macht dies wiederum bekannt? Die Massenmedien (in der Form des Skandals)! Konkret verpflichtet sich moralische Kommunikation im Verbund mit den Massenmedien auf folgende Ereignisse und startet mit folgenden Problemlagen ihren kritisch-konflikthaften bis skandalisierenden Auftritt:

(1) *Wertverletzungen*: In der Politik heißt dies typisch Wahlbetrug oder Korruption[35], und es sei beispielhaft erinnert an die Watergate- und Barschel-Affäre, Bestechung in der Kölner SPD oder schwarze Konten der Hessischen CDU. Im Sport geht es um Doping als Betrug der ›tatsächlichen‹ Leistungsfähigkeit und Verletzung von Fairness. Wissenschaft wird zu einer Sache der Moral,

wenn Texte ohne Hinweis in die eigene Forschungsarbeit kopiert werden oder Datenmaterial gefälscht wird – also der positive Wert der Wahrheit missbraucht und nur durch Betrug erzielt wird. Oder das System der Massenmedien verletzt seine Nachrichtenethik der wahrheitsgemäßen Berichterstattung und des kritischen Enthüllungsjournalismus, wenn Interviews erfunden und erlogen, Zeugen- oder Expertenaussagen gekauft oder Bürger unwissentlich von Redaktionen abgehört werden (beispielsweise im 2011er Abhörskandal der britischen »News of the World«).

(2) *Normverstöße*: Diese sind immer dann feststellbar, wenn ein unerwartetes, inakzeptables oder ungerechtes Handeln mit einer verantwortlichen Adresse, einem persönlichen Entscheider in Bezug gesetzt werden kann. So lässt sich einem Schuldigen im Wortlaut der Entrüstung der Verstoß gegen (latent) geltende Situationslogiken und Verhaltens- beziehungsweise Rollenregeln vorhalten. Regelmäßig werden von den Massenmedien skandalisiert: die (frühzeitigen) Freilassungen von Kinderschändern (mit – vorschnellem – Plädoyer für lebenslange Sicherheitsverwahrung); die millionenschweren Gehälter und Abfindungen in Vorstandsetagen (prominentes Beispiel war der Mannesmann-Prozess); Untreue und Luxusverhalten von prominenten Sportlern und Popmusikern.

(3) *Inszenierte Meinungsbildung und Diskreditierungsabsicht*: Eng verbunden mit dem gerade genannten Punkt sind Prozesse und Themenbildung, die ein bestimmtes Meinungsbild oder den Angriff auf eine bestimmte Person durch massenmediale Inszenierung erst hervorbringen. Im einen Fall hat der Normverstoß bereits stattgefunden, wird bereits gesellschaftlich behandelt (und entsprechend sanktioniert) und dient nun (nur noch) der Bekanntmachung an möglichst viele. Im anderen, jetzt gemeinten Fall geht es um die selbstproduzierte und -inszenierte ›Stimmungsmache‹ und Diskreditierungsabsicht. Der Verstoß gegen moralische Grundwerte liegt noch nicht vor, sondern wird gerade erst massenmedial erzeugt. Wirtschaftlich und rechtlich ist es beispielsweise vollkommen sachgemäß, dass Florian Gerster nach seiner Absetzung als Chef der »Bundesanstalt für Arbeit« weiter Gehaltsbezüge erhält. Moralische Stimmungsmache und öffentliche Empörung wird erst durch folgende *Bild*-Schlagzeile (auf der

Titelseite vom 26.01.2004) betrieben: »Davon können Arbeitslose nur träumen. 8 000 Euro Luxusrente für Gerster (aber vorher gibt's erst noch 427 000 Euro Abfindung)«. Luxus, Arroganz und Betrug sind immer noch die besten Schlüsselwörter für negative Moralisierung und die Diskreditierung einer Person (des öffentlichen Lebens).

(4) *Krisenszenarien* eines ganzen gesellschaftlichen Teilbereichs: Niedergang des deutschen Erziehungssystems laut PISA-Studie oder Strukturschwäche der deutschen Forschung aufgrund studentisch überfüllter, personell unterbesetzter und finanziell miserabel ausgestatteter Universitäten – gepaart in beiden Fällen mit einem Abgesang auf das Beamtentum von Lehrern und Professoren.

(5) *Beunruhigende Realitäten*: BSE in USA, SARS in Singapur, Geflügelpest (H5N1) von Thailand über Osteuropa bis Deutschland, Terroranschläge, Geiselnahmen etc. Neben dem gesellschaftlichen Alarmzustand schlechthin: Krieg, passt hierunter letztlich jedes Phänomen der modernen »Risikogesellschaft« (vgl. Beck 1986), weil aufgrund enormer Expertenzuwächse vor mehr gewarnt und für mehr sensibilisiert wird. Der Moralpegel der öffentlichen Kommunikation steigt mit dem unkalkulierbaren Wirkungspotenzial von Hochtechnologien und Zivilisationsoptimierungen – als Gegenreaktion darauf, dass das eigene Vertrauen in die Lebenswelt regelmäßig ausgehebelt und mit Unwissen und Angst konfrontiert wird.

Die Massenmedien garantieren den moralisch aufgeladenen und alarmierenden Themen prinzipiell gesamtgesellschaftliche Bekanntmachung – wie allen anderen publizistischen Themen ja auch. Wer ein Thema oder einen beunruhigenden Beitrag verpasst hat, der kann sich zumindest im umfangreichen Gedächtnis der Zeitungen, Journale, Fernsehsendungen etc. nachträglich informieren. Auffällig ist nach dem Bisherigen erstens der Wechsel der Moral-Agenturen, genauer: dass dem System der Massenmedien mit Moralisierung und Alarmierung eine fünfte Funktion zufällt. Die bisher einschlägigen lauten: (sozialisierende und integrierende) Informations- und Wissensfunktion, kollektive Gedächtnisfunktion, gesellschaftliche Selbstbeschreibungsfunktion und Gratifikations- beziehungsweise Unterhaltungsfunktion. Zweitens wird ein Mischungsverhältnis von massenmedialer Deflationierung/Inflationierung von Moral deutlich. Unter dem Gesichtspunkt der ›Inflationierung‹ übertreiben Massenmedien ihre Aufklärungs- und Alarmfunktion in Form der Skandalisierung[36] – so funktional sie auch immer sein mag unter dem Aspekt der *Aufmerksamkeitsökonomie.*

Hinter der massenmedial stärkeren Tendenz zur Skandalisierung (statt Relativierung oder Normalisierung) steckt das positive Moment »der Bündelung und Vereinfachung von Konflikten, an denen sich Grundfragen diskutieren lassen« (Hickethier 2002: 46). Die medial skandalisierte Zuspitzung eröffnet eine Dynamik öffentlicher Meinungsbildung wie auch eine damit einhergehende Bewusstseins- und Entscheidungsschärfung für Krisenbewältigung, auf dass dann adäquate Korrekturen wie etwa Personalwechsel, Umstrukturierungsmaßnahmen, Reformen und vor allem auch rechtsförmige Konsequenzen (Geld- oder Gefängnisstrafe) gezogen werden. »Die Gesellschaft braucht solche Rituale [der moralischen Entrüstungswellen und Skandalisierungen], um die Geltung ihrer moralischen Maßstäbe in regelmäßigen Abständen ins Bewußtsein zu rufen und sich selbst auf den richtigen Pfad der Tugend zurückzuholen. Im einfacheren Fall findet das Ritual in der Verurteilung der Schuldigen seinen Abschluß, in schwierigeren Fällen treten jedoch Zweifel an den gesellschaftlichen Institutionen auf.« (Münch 1995: 229) Problematisch bis gefährlich wird es dann, wenn die Opfer ausbleiben, wenn auf gesellschaftliche Missstände und Wertverletzungen nicht mehr angemessen reagiert wird und sich ein ›anything goes‹-Prinzip durchsetzt. Angemessen reagieren kann auf gesellschaftlicher Ebene ausschließlich das Rechtssystem – wenngleich zwischen Empörung und Urteilsspruch oft enorme zeitliche Verzögerungen und Geduld in Kauf zu nehmen sind. In Interaktionen unter Anwesenden sieht dies anders aus. Dort wird die Diskreditierung und persönliche Missachtung schneller und sozial äußerst wirksam durch Abbruch des Gesprächs – oder gar jeglicher künftiger Kontakte – vollzogen.

Moralisch beobachten und berichten Massenmedien nicht nur im Programmbereich der Nachrichten, sondern auch im Unterhaltungssektor. Ganz nebenbei werden in die Unterhaltung moralische Schemata ›eingespeist‹: als Wertprämissen, Diskreditierung von Personen ›des öffentlichen Lebens‹, Urteile über gutes oder schlechtes Benehmen. Das Neuartige dabei ist weniger, dass Massenmedien in und durch Unterhaltung moralisieren. Dies findet sich längst in der Belletristik, in den Karikaturzeichnungen der frühesten Tages- oder Wochenpresse, in jeglichen Formaten massenmedial produzierter Satire etc. Es ist ja geradezu der Kern von Unterhaltung im Kontext von Massenkultur und Popularisierung, dass sie zu einer breiten Integration von gesellschaftlichen Themen, Außergewöhnlichem und moralisch konnotierten Lebensformen in der Lage ist. Mit einem ›einfachen Stil‹, ›allgemeiner Verständlichkeit‹, mit der Neigung zur simplen Dramatisierung und unter Absehen bestimmter Bildungsstandards oder -voraussetzungen beziehungsweise mittels (demokratischer) Egalisierung kann sie ein größeres Publikum erreichen, eine gleichermaßen anonyme wie heterogene, aber gleichgestellte ›Masse‹ ansprechen und allgemeine (vergnügliche, unangestrengte) Rezeptionsakzeptanz erwerben. Populäre Unterhaltung und Massenkultur im Allgemeinen dienen »als kommunikativer Kitt der nachbürgerlichen kapitalistischen Industriegesellschaft. Fast jeder hat regelmäßig an ihr teil; selbst in den anspruchsvollsten Kreisen kann das legitim sein – wenn es ›mit Stil‹ geschieht.« (Maase 1997: 25)

Das Neue ist jetzt erstens die Erhöhung der moralischen Schlagzahl. Auch Moral steht unter dem Druck der Aktualität. Zweitens ist Moral stärker denn je gesellschaftsstrukturell ›ausgehängt‹ und bleibt als Unterhaltung (im Stile moralinsaurer Geschwätzigkeit) ohne Konsequenzen (vgl. Luhmann 1996: 64f.; Münch 1995: 238f.). Moralisierendes Reden verweigert das Handeln, appelliert an Verpflichtungen ohne Kontrolle der Befolgung und verkommt zur entgrenzten wie inflationären Geschwätzigkeit. Das dritte Neue ist, dass Massenmedien laufend (über) sich selbst moralisieren. Das kann in Form von Satire geschehen: beispielsweise im »Scheibenwischer«, bei »Harald Schmidt« oder bei »TV total«. Das wird auch durch kritisch-investigativen Journalismus betrieben, wenn über unerlaubte oder problematische Verstrickungen zwischen Politik und Redaktionen berichtet wird oder frei erfundene Interviews und Dokumentationen aufgedeckt werden: wie etwa im Fall Tom Kummer aus dem Jahre 2000 für das *SZ-Magazin* oder im Fall Michael Born (zwischen 1990 und 1995) für »stern TV«, »Spiegel TV«, ZAK etc. Oder das zeigt sich in den speziell dafür eingerichteten »Medien«-Ressorts überregionaler Tageszeitungen genauso wie in fernsehinternen Talkrunden.

Die allgegenwärtigen Moral-Agenturen sind die Boulevardpresse, die *daily talk*-Formate und wöchentliche (politische) Streitrunden im Fernsehen. Dort wird breitenwirksam, quer durch alle Zuschauerkreise und vor allem als Unterhaltungsprogramm und nicht als Nachrichten/Berichterstattung teils einmütig vorgegeben, teils kontrovers diskutiert, teils dogmatisch bis unreflektiert durch den Äther gebrüllt, wer sich wo und wie in unzulässiger, lasterhafter Weise benommen hat, wem persönliche Verfehlungen vorzuhalten sind, was böse enden wird. Diese Formate leben vom Unterhaltungswert der nicht immer geschickt vorgebrachten Meinungen und wechselseitigen Lästereien oder Beschimpfungen. Von der »Schweigespirale« keine Spur. Im Gegenteil: Eigens zur Reproduktion dieser Formate und ihrer dramaturgischen Erfolgsoptimierung hat sich längst ein spezialisierter wie professioneller Markt gebildet, der die skurrilsten Personen und besonders provozierenden Meinungen vorfiltert, archiviert und je nach Bedarf den Redakteuren anbietet oder verkauft. Die *daily talk*-Hoppers und die Fernsehprominenten gefallen sich im Licht der Scheinwerfer und sagen brav (oder laut), was von ihnen in ihrer Rolle erwartet wird. »Wem's gefällt ...«, könnte man sagen.

Unter dem moralischen Gesichtspunkt besteht allerdings das Problem, dass die Themen(kontexte) und persönlichen Profile der Talkgäste sehr vielfältig sind und je unterschiedlich behandelt werden; dass des Weiteren die handlungsleitende Verbindlichkeit äußerst kurz, wenn überhaupt gegeben ist – letztlich nur für diese eine Sendung oder Ausgabe. Statt Kanonisierung moralischer Beobachtung gilt Pluralisierung. Eine verbindliche und dauerhafte Orientierung wird dadurch verunmöglicht. Eine Sensibilisierung für soziale Regeln und Erwartungen geht nur manchmal als Ergebnis hervor, ist meistens keineswegs zwingendes Resultat. Thematisierungsschwellen werden moralisch nicht ausgelöst, sondern vielmehr qua massenmedialer Inszenierung ausgehebelt. Was in direkten Interaktionen unmöglich wäre, weil Kontakt-abbruch droht, wird in der ›öffentlichen Unterhaltung‹ geduldet oder mit Absicht gesteigert. Die De-Thematisierung von Moral in Interaktionen – wer möchte sich schon persönlich angreifbar ma-chen, sein ›Gesicht verlieren‹, der Missachtung ausgesetzt sein? – wird in diesem Sinne von gezielten Re-Thematisierungen der Moral auf massenmedialer (als gesellschaftlicher) Ebene begleitet oder kompensiert. Häufig betreiben Journalisten und Redaktio-nen dabei eine bezeichnende Doppelmoral. Auf der einen Seite verurteilen sie Handlungsweisen und ächten (prominente) Perso-nen, um auf der anderen Seite genau damit ihre Seiten oder Pro-grammzeiten nicht nur zu füllen, sondern zwecks Auflagen-und Reichweitenerhöhung anzuheizen.

Das Ausmaß an Aushebelung von Thematisierungsschwellen und -tabus korreliert mit der Komplexität der Gesellschaftsstruk-turen und dem Aufweichen konzentrischer Interaktionskreise, in denen das Verhalten in einem sozialen Kreis direkte Auswir-kungen auf andere hat. Ein in dieser Hinsicht äußerst sensibles 18./19. Jahrhundert wusste zur Regelung der geselligen Unterhal-tung vor den (Tabu-)Themen der Religion, Politik und Moral noch zu warnen, weil sie den je persönlichen Standpunkt provozieren und das ungezwungene, lockere, frei wechselnde Gespräch unter-laufen oder schließlich verhindern. Auch das ist eine neue Form ›moralischer Entbettung‹: Wenn jemand seinem Bekannten oder Nachbarn nicht mehr in direkter Interaktion ein moralisches Ver-gehen vorhält, sondern dafür eine Talkshow aufsucht und sich einer massenmedialen Moralinszenierung bedient. Ob diese wie-derum moralische oder anderweitige soziale (etwa exkludierende) Sanktionen nach sich zieht, wird in wieder anderen Interaktions-systemen erst im Anschluss beobachtbar respektive entschieden. Der unbetroffene Zuschauer zumindest wird seine gesellig-mora-lische Unterhaltung gehabt haben.

Die Moral sucht sich ihren Weg in die Massenmedien und folgt deren Selektionskriterien. Analog zur »Medialisierung des Politischen« wäre von einer *Medialisierung der Moral* zu spre-chen. Es wird ein massenmedialer Markt für Moral geschaffen; und dieser wiederum wird regelmäßig reproduziert, indem sich dort moralische Empörungen entladen. Kein Talkgast, der sich nicht eine moralische Meinung zurechtgelegt hat (oder mit einer solchen ›gebrieft‹ wurde) und diese zu präsentieren weiß. Dem folgt dann eine moralische Anschlussrationalität auf Publikumsseite, die eben gut- oder schlechtheißt, welche Wertprämissen vertreten werden. So baut sich eine Moralspirale auf, deren ökonomische Rationalität für die Massenmedien zwar zu verstehen ist, nicht aber die Geltungsansprüche moralischer Beobachtung und Empörung selbst. Es war einmal vornehm zu schweigen, taktvoll, andere moralisch zu verschonen, und idealistisch-regulativ, eine wechselseitige Übereinkunft von Wertkonsens zu haben. Mit der gesellschaftlichen Entbettung, Pluralisierung und Medialisierung von Moral wird dies alles unrealistisch. Insofern die Gruppierungen und Individuen je andere Maßstäbe und partikulare Wertprämissen vertreten und diskursiv einbringen, bleibt die Minimalübereinstimmung abstrakt – so abstrakt, dass den antagonistischen Empörungen nur das Gemeinsame des geschwätzigen, ungedeckten Moralisierens selbst bleibt. Es fehlt das regulative Dritte, ein institutionalisierter, einheitsverbindlicher Bezugspunkt – den können (und wollen) die Massenmedien nicht einmal mehr selbst (her-)stellen. Laufend kommt es durch dieses große Lamento zu einem Prozess der Inklusion/Exklusion je nach dem Einssein mit dem Moralprogramm. Kurz gesagt: Moral ist heutzutage dezentral, flexibel, gruppenspezifisch, kurzlebig und angebotsunverbindlich.

Obgleich die Beobachtungen und Entwürfe der Massenmedien immer nur *eine* (neben diversen anderen) Möglichkeit der Welt- beziehungsweise Gesellschaftsbeobachtung darstellen, ist das Besondere und teils auch Brisante, dass dies von enorm vielen gleichzeitig mitbeobachtet wird und die massenmedialen Themen und Formate deswegen ihre Karriere in anderen Kommunikationen und Situationen so unproblematisch und erfolgreich fortsetzen können. Im Bereich der Unterhaltung ist das oftmals langweilig oder zumindest mit Blick auf die Einzelereignisse sehr kurzlebig. Dann wird halt ›gezappt‹ (und das als Massenereignis) oder manchmal tatsächlich ausgeschaltet – die Welt wird aus den Massenmedien wieder in die Reichweite des eigenen Alltags zurückgeholt. Im Bereich der Nachrichten geht es zwar nicht langweilig zu, die berichteten Ereignisse entsprechen aber oft nicht den Relevanzen und Handlungsspielräumen des großen, disparaten Publikums. Weil aber mit jeder Nachricht und Nachrichtensendung eine Abstufung von Betroffenheit und Teil- beziehungsweise Expertenwissen korreliert und weil sich nicht jeder egoistisch oder desinteressiert bis resignativ in der eigenen Erlebnissphäre einrichtet, werden immer einige an der massenmedialen und politischen Peripherie aktiv. Es sind vor allem die Wort- und Entscheidungsführer der kritischen Teilöffentlichkeiten und spezifische Protestgruppen, welche die jeweilige Alarmierung und Sensibilisierung für Krisen, Wertverletzungen, gesellschaftliche Katastrophen aufmerksam verfolgen und adäquate Konsequenzen folgen lassen respektive an deren Vorbereitung mitwirken. Kritische Journalisten, Protestführer und manche Intellektuelle stellen das regulative Gegengewicht dar, damit moralische Werte durch und vor lauter Unterhaltung nicht definitiv ins Beliebige und Unverbindliche abgleiten.

Während die Massenmedien so beide Seiten eines heterogen interessierten wie engagierten Publikums bedienen, schwanken sie zwischen Inflationierung und Deflationierung, zwischen Trivialisierung und ›Gravitalisierung‹ der Moral. Die ausufernde Form der Unterhaltungsmoral mag ein Ärgernis sein. Sie schützt aber in eben der Form ›als Unterhaltung‹ davor, *dass wir uns zu Tode moralisieren*. Viele würden sich angenehmere und anspruchsvollere Unterhaltungsformate wünschen. Doch in Fragen des Geschmacks greifen bekanntlich weder ästhetische Urteile noch moralische. Dies heißt in einem noch weitergehenden Sinne: Indem Moral für die Jagd auf Aufmerksamkeit, für medien-ökonomische Ziele, für grenzenlose Unterhaltung oder auch für plumpe partei- und machtstrategische Zwecke (im Verbund mit Publizität) instrumentalisiert wird, verschwimmen die Prämissen ihrer Verwendung und die Anschlussmöglichkeiten auf der positiven Code-Seite. »Die Gründe für Berufung auf Moral sind eben nicht mehr ohne weiteres ›gute‹ Gründe.« (Luhmann 1997: 1040)

> *Die Leute beschäftigen sich mit Formen der*
> *Populärkultur, weil sie auf die eine oder andere*
> *Art unterhaltend sind und ein bestimmtes*
> *Maß an Genuß und Vergnügen ermöglichen.*
> *Natürlich kann dieses Verhältnis auch direkt*
> *oder indirekt ideologische Auswirkungen*
> *haben [...], aber diese sind so gut wie nie sein*
> *Grund noch seine wichtigste Folge. (Grossberg*
> *1999: 221f.)*

1. Rezeptionsprozess und Bedürfnislagen

Wenn das klassische soziologische Begriffspaar Gesellschaft/Individuum mediensoziologisch eingesetzt wird, dann lassen sich die Auswirkungen des Funktionssystems der Massenmedien auf die Rezipienten ebenso wie die individuelle Aneignung massenmedialer Programme und Formate untersuchen und erklären. Im Fahrwasser der *Kritischen Theorie* werden die Massenmedien und ihre Organisationen, kurz: die ›Kulturindustrie‹, unter Ideologie- und Manipulationsverdacht gestellt, und die zentrale Frage lautet: Was machen die Massenmedien mit den Menschen? Daneben und danach haben sich sukzessive eine Reihe anderer Forschungsfragen und Theorieansätze etabliert, deren gemeinsamer Nenner in der genau umgekehrten Sichtweise besteht. Gefragt wird nun: Was machen die Menschen mit den Medien?

Der *uses and gratifications approach* (vgl. Katz/Foulkes 1962; Blumler/Katz 1974; Rosengren et al. 1985) basiert auf der Annahme, dass die Rezipienten nicht passiv den Beiträgen der Massenmedien und Absichten der massenmedialen Akteure folgen respektive ausgeliefert sind, sondern vielmehr selbstständig nach eigenen Wünschen und Interessen die Medienangebote auswählen und für sich (um-)deuten. Noch radikaler formuliert: Das aktive wie individualisierte Publikum nutzt sehr bewusst Formate und Inhalte der Massenmedien in einer strategischen Zweck/Mittel-Relation für je aktuelle Bedürfnisbefriedigung und Zielerreichung.

Die *strukturanalytische Rezeptionsforschung* (vgl. Charlton/Neumann 1986; Charlton/Neumann-Braun 1992) hat diesen Ansatz fortgesetzt und stärker ›kontextualisiert‹, d.h. jegliches Medienhandeln in den Rahmen von vorgängigen, begleitenden und nachfolgenden sozialen Situationen mitsamt den dortigen Erfahrungen und Erwartungen eingeordnet. Vor allem die Familie ist ein wichtiger strukturierender wie integrierender Faktor des Medienhandelns. Sie ist, technisch gesprochen, das »Relais zwischen öffentlichen und privaten Orientierungen« (Keppler 1994: 220), der Empfangsort, das diskursive Verarbeitungsmodul und das neuerliche Sendenetz von und für massenmediale Themen unterschiedlichster Art. Von zentralem Interesse ist deshalb und dabei die Untersuchung der problemorientierten und identitätsprägenden Rezeptionsprozesse von Kindern und Jugendlichen und die Feststellung der Regeln, denen ihr Medienhandeln folgt.

Aus den Forschungen der *Cultural Studies* wiederum – um einen letzten rezipientenorientierten Ansatz zu behandeln[37] – ist u.a. das Konzept der diskursiven, polysemischen Medienaneignung hervorgegangen und gleichermaßen die Sensibilisierung für den sozial und kulturell dynamischen Vorder- wie Hintergrund von Medienkonsum und Publikumstätigkeiten. Kurz: Medientexte sind deutungsoffen, verschieden ausleg- und verwendbar; und Rezeptionsprozesse sind integraler Bestandteil des vielschichtigen Alltagslebens einerseits und komplexer, teils konfligierender (populär-)kultureller Praxen und Diskurse andererseits. Ein Leittheorem dieser Perspektive ist, dass Kultur weder normativ (Werte, Normen, Sanktionen) zu bestimmen sei noch exklusiv einem elitären Objektbereich (Hochkultur) zugehöre, sondern vielmehr die schöpferische Basis alltäglicher Gewohnheiten und jeder sozialen Praxis sei. Literatur, Illustrierte, Musik, Kino und Fernsehen, ihre Formate und ihre Stars, ihre (widersprüchlichen) Rezeptionsweisen innerhalb familiärer Strukturen und durch verschiedene gesellschaftliche Milieus, der damit verbundene generelle und kontinuierliche Kampf um (das Aushandeln von) Bedeutungen – dies markiert einen zentralen Forschungsstrang, der nicht zuletzt zur Allianz zwischen *Cultural Studies* und *Media Studies* geführt hat. Die Polysemie der Medienangebote und letztlich aller kulturellen Texte ermöglicht drei verschiedene Rezeptionsarten und Aneignungsweisen oder mündet in diese (vgl. Hall 1980): (a) die *dominant-hegemonic position*, die vorherrschende Interpretationsmuster reproduziert; (b) die *negotiated position*, die dominierende Deutungen teilweise annimmt und dann mit eigenen Erfahrungen, Perspektiven und Wissensordnungen verbindet; (c) die *opposional position*, die hegemoniale, breit geteilte Perspektiven und ein kanonisiertes *reading* strikt ablehnt und eine eigenwillige (Gegen-)Deutung vornimmt. Führend – so der allgemeine Tenor – und deshalb besonders breit untersucht ist das kulturelle Leitmedium des Fernsehers, ist die »Television Culture« (Fiske 1987). Gerade die ethnografische Fraktion der *Cultural Studies* hat mit Nachdruck gefordert, die verschiedenen Publika der Massenmedien, insbesondere die Fernsehzuschauer, in ihrer konkreten alltäglichen Umgebung und im Zusammenhang damit verbundener Begleit- und Anschlusstätigkeiten zu untersuchen – und an der empirischen Einlösung dieser Maxime gearbeitet. Als analytischer Ausgangspunkt wird entsprechend ein »methodologischer Situationismus« oder »radical (textual, technological, psychological, social, cultural) contextualism« genommen (vgl. Ang 1990, 1996; Morley 1992, 1997).

All diese skizzierten Theorien der Medienwirkung und des Medienhandelns gehen also von einem aktiven Mediennutzer aus, der aus der massenmedialen Vielfalt nach seinen jeweiligen Bedürfnissen, Interessen oder Problemlagen und je nach Identitätsphase und soziokultureller Prägung das Passende selbstständig selegiert, so die Sinn- beziehungsweise Wirklichkeitsangebote (re-)konstruiert und schließlich in seine Lebenswelt einordnet. Ein weiterer gemeinsamer Bezugspunkt ist die Feststellung, dass Medienrezeption im Allgemeinen und Fernsehen im Besonderen keine singuläre, private und abgetrennte Beschäftigung bedeuten, sondern mit einer Vielzahl anderer Tätigkeiten und Situationen korrelieren und fundamental in andere Sozialsphären hineinreichen. Neben dem Fernsehschauen gilt das gerade für das Radio (hören) – dem *Nebenbeimedium* schlechthin. Es ist der unauffällige, selbstverständliche und flexible Alltagsbegleiter rund um die Uhr. Diverse empirische Studien zeigen, dass die Radionutzung zumeist in folgenden Situationen erfolgt: beim Aufstehen und Frühstücken, beim Autofahren sowie beim Arbeiten in der eigenen Wohnung beziehungsweise häuslichen Umgebung. Bei der Befragung der Motive des eigenen Radiohörens auf Basis allgemeiner Aussagen stimmen die meisten damit überein, dass durch das Radiohören: ihnen die Arbeit leichter fällt, man gut entspannen kann, in Schwung gebracht wird und (nebenbei) stündlich über tagesaktuell Wichtiges informiert wird (vgl. etwa Vowe/Wolling 2004).

Die Wechselwirkungen zwischen Medieninhalten und Alltagsleben beinhalten auch selbst einen besonderen Rezeptionsanlass. Wenn beobachtet wird, dass die Medienthemen ›aus dem wahren Leben‹ gegriffen sind, scheint die Motivation gerade aus diesem Grund sehr hoch, dass die entsprechende TV-Serie, Illustrierte oder das jeweilige Buch rezipiert wird.[38] Im besten Fall hängen die medial präsentierten Personen, Situationen und Handlungsabfolgen sehr eng mit persönlichen Dispositionen, Erfahrungen und Idealvorstellungen zusammen. So wird emotionale Identifikation hergestellt und die Bild/Text-Realität zur (reflektierten) Auseinandersetzung mit der eigenen Lebenswirklichkeit benutzt. Rezeptionshandeln konzentriert sich aber keineswegs nur auf die Bestätigung von Normerwartungen, Stereotypen und bewährten Handlungsweisen. Vielmehr liegt im Umgang mit Massenmedien auch die enorme Chance, seine Erfahrungs- und Handlungsmöglichkeiten zu erweitern, Kontakt mit Fremdem beziehungsweise Außergewöhnlichem herzustellen, sich als Zuschauer zum Perspektivenwechsel veranlasst zu sehen und (durch Nachahmung) eine »Identität auf Probe« zu entwerfen (vgl. Charlton/Neumann 1990: 195f.; Kellner 1992; Weiß 2001: 367ff.; Wenzel 2001: 422-440). Für alle Massenmedien – und für das Fernsehen ganz besonders – ist der eigentümliche Widerspruch zu konstatieren: dass es »*einerseits bereichernd ist, als Echtzeitmassenmedium Zugang zu den Handlungs- und Erfahrungsmöglichkeiten des fremden Anderen herstellt und daß es andererseits Erfahrung und Handeln sequestriert, den Horizont des Individuums verengt. Es kann dann nur eine offene, empirische Frage* sein, welche der beiden Diagnosen mehr Berechtigung hat. Die Qualität der Kanäle, Programme und Sendungen variiert in hohem Maße.« (Wenzel 2001: 481)

Rezipient und Massenmedien sind »strukturell gekoppelt«; gesellschaftliche Themen, massenmediale Programme und subjektives Handeln sind als »Co-Konstruktionsprozess« (vgl. Charlton 1997: 23) zu verstehen. Dabei zeigt sich eine zweifache Wechselwirkung. Einerseits bestimmen massenmediale Sinnangebote und Inszenierungen alltagsweltliches Handeln: Eigenes Rollenhandeln wird an Schauspielerrollen oder massenmedialer Prominenz ausgerichtet und mit entsprechenden Attributen im Alltag re-inszeniert: Eine Hochzeit soll im Stil von »Traumhochzeit« ausgerichtet werden (vgl. Reichertz 2000: 215ff.); Jugendliche veranstalten Mutproben oder Freizeitaktivitäten nach dem Vorbild von »Jackass« auf MTV. Andererseits werden gesellschaftliche Ereignisse und Themen und alltagsweltliches Handeln von den Massenmedien aufgegriffen und in ihren Formaten reproduziert: in jeder Nachrichtensendung, im idealisierten Inszenierungsrahmen etwa einer Familien-TV-Serie oder beim Call-in-Radio wie »Domian« auf WDR. Insbesondere die vielfältigen Angebote an »Reality-TV« und »Doku-Soaps« bestehen aus dem Rückgriff auf alltagsweltliche Erfahrungen und Probleme und leisten Widerspiegelung wie auch Problemlösung: für Angelegenheiten des Rechtsstreits, öffentlicher Verstöße und straffälliger Vergehen, der Kinder- oder Haustiererziehung, des Hausbaus oder der Inneneinrichtung. Mittlerweile schaffen die Massenmedien damit und dadurch überhaupt erst die Bedürfnisse, für die sie dann als Befriedigung wirken und sich gleichzeitig als Lösung installieren und ausgeben. Gerade das Fernsehen bietet eine Vielzahl an Lebensberatung für Situationen und Ereignisse, die einen noch nicht betreffen, aber prinzipiell zukünftig relevant werden könnten.

Wenn viele Akteure ähnliche Bedürfnisse mit ähnlichen Zielen haben, dann sind mehrheitlich gleiche Medienhandlungen und Programmpräferenzen erwartbar – und als Resultat eine tendenzielle Homogenisierung von Ansichten und Urteilen, eine tendenzielle Uniformisierung von Welt und Kultur. Manchmal resultiert eine hohe Einschaltquote/Auflagenzahl auch daraus, dass viele nicht etwas besonders Interessantes oder Relevantes rezipiert haben, sondern das, was zumindest nicht störend, unangenehm oder abstoßend war. Jedes Angebot der Massenmedien mit seiner eigenen Ästhetik konkurriert mit anderen Unterhaltungswelten und Gratifikationsquellen wie Sport, Konzertbesuch, geselligem

Abendessen, Party etc. Deshalb ist es Aufgabe der Programmplanung, Bedürfnisse und Gratifikationspotenziale zu erheben und die entsprechenden Hypothesen in Medienformaten auszutesten, um sich (gewinnbringende) Anteile am Wettbewerb um Aufmerksamkeit und Gratifikation zu verschaffen. Zu berücksichtigen ist aber auch: »Für die Rezeption von Medienangeboten ist eine zu genaue Kenntnis dessen, was einen erwarten wird, darüber hinaus ein eher nutzungshemmender Faktor. Viele Gratifikationen stellen sich im Zuge der Mediennutzung ein und wirken über einen eher kurzen Zeitraum nach. Rezipienten erwarten Interessantes, Abwechslungsreiches, Spannendes und sind dankbar für Überraschungen unterschiedlichster Art. Vorausplanen lassen sich diese Belohnungen nicht.« (Jäckel 2003: 38f.)

Der Rezeptionsprozess selbst ist ein komplexes Geschehen und folgt je nach Bedürfnisstruktur des handelnden Ego zumeist einer »thematischen Voreingenommenheit«. Er setzt sich zusammen aus: (a) einem biografisch vorgeprägten, gesellschaftlich situierten Rezipienten, (b) seiner Medienkompetenz beziehungsweise seinem medienspezifischen Vorwissen, (c) seinen aktuellen persönlichen und sozialen Bedürfnissen, (d) der vorbereiteten Rezeptionssituation beziehungsweise dem aktuellen alltagsweltlichen Rezeptionsrahmen, (e) dem konkret gewählten Medienangebot. Medienhandeln ist demnach immer in verschiedene Kontexte und soziale Horizonte eingebettet und wirkt, nach der eigentlichen Rezeptionsphase, auch in diesen fort (siehe Abb. 3).

Das Rezeptionshandeln als *Medienaneignung* ist eine paradigmatische Technik der Lebensbewältigung und Alltagsgestaltung: Feste Uhrzeiten, Tagesrhythmen oder Terminplanungen werden mit Bezug auf Massenmedien (vor allem das Fernsehprogramm) festgelegt, Anschlusskommunikationen mit anderen werden durch Medienthemen hergestellt, Identitätsbewältigung wird im (konstruktiven) Vergleich mit Medienwelten und idealtypischen Medienrollen betrieben, oder es wird gar eine direkte Beziehung zu Moderatoren, Showmastern, Redakteuren, Produzenten, Schauspielern aufgenommen.[39] »Die Auseinandersetzung mit Medien vollzieht sich in der *Spannbreite von individualisierter Verarbeitungsperspektive und universell-standardisiertem Sinnangebot.*« (Charlton/ Neumann-Braun 1992: 113)

Abbildung 3: Struktur- und Prozessmodell des
Medienrezeptionshandelns

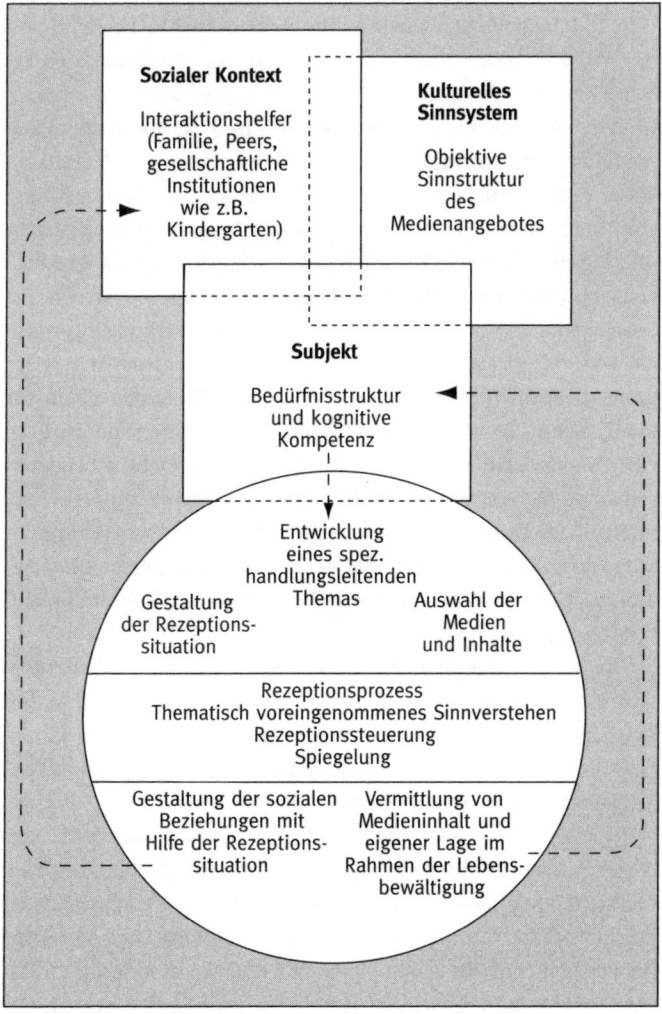

Quelle: Charlton/Neumann-Braun 1992: 90

Nicht selten betreiben Rezipienten mit Medienfiguren einen Umgang, *als ob* diese Teil der Alltagswirklichkeit wären, und über-
springen die künstliche Distanz und den para-sozialen Charakter.

Dann bricht die Wirkung medialer Ereignisse und Kommunikationen mehr oder minder direkt in die Ordnung der sozialen Lebenswelt und in die kommunikative Alltagspraxis ein.

Jene Medienaneignung betrifft bereits das frühe Kindesalter – professionell bedient z.B. vom TV-»Kinderkanal« (KiKa), den Labels »Kiosk« oder »Karussell« und diversen Kinderbuchverlagen. Kinder brauchen für ihre Entwicklung und Lernprozesse Spielmöglichkeiten, Identifikationsfiguren und Orientierungsmarken. Diese müssen nicht notwendig vom System der Massenmedien kommen, aber mit seinen verschiedenen Programmen, Formaten und Figuren bietet es sich für fast jede Form kindlicher Wirklichkeitserfahrung und Lebensbewältigung an; kurz: als nachhaltige Sozialisationsagentur. Dem zur Seite stehen wirkmächtige *Medienverbundsysteme*, die ein Medienformat oder -produkt mit anderen Unterhaltungsprogrammen und mit Konsumartikeln für Spiel, Sport, Freizeit, Schule kombinieren. Einerseits wird so eine wechselseitige (Medien-)Abhängigkeit aufgebaut, andererseits eine ökonomisch profitable Mehrfachverwertung betrieben. »Bernd, das Brot« ist beispielhaft eine solche Medienverbund-Erscheinung: Medienfigur auf KiKa, eigene Internetpräsenz, auf Audio-MC/CD und DVD, als Stoffpuppe, Poster oder ›echtes‹ Vollkornbrot erhältlich etc.

Diese eher allgemein gehaltenen Aussagen zur Medienrezeption im Horizont lebenspraktischer Problembewältigung lassen sich mit Bezug auf die zahlreichen Studien zum (klein-)kindlichen Rezeptionshandeln von Charlton und Neumann-Braun konkretisieren und an einem Einzelfall plausibilisieren:

Christian, ein Vorschulkind (ohne nähere Altersangabe) »zeigte ein großes Interesse für alle Bücher und Geschichten des Kinderbuchautors Janosch. Die Eltern von Christian lehnten dagegen Janosch-Bücher als wenig kindgemäß ab, und so war Christian gezwungen, sich diese von einem Nachbarskind vorlesen zu lassen. Bei einem Vergleich der Handlungsstruktur der Janosch-Geschichten mit der häuslichen Lebenswelt von Christian ergaben sich unübersehbare Übereinstimmungen. In der von Christian besonders geliebten Geschichte ›Hasenkinder sind nicht dumm‹ wird zum Beispiel einem überbehütenden Hasen-Elternpaar von einem selbstsicheren, pfiffigen Hasenjungen vorgeführt, daß Hasenkinder mit den Gefahren dieser Welt ganz gut alleine fertig werden können. Auch Christians Eltern waren ängstlich besorgt um das Wohlergehen ihres Sohnes. Und in dem Ringen um eine kindgemäße Lektüre findet sich die bei Janosch dargestellte Konstellation wieder: Christian setzt sich über die Verbote der Eltern hinweg und liest, was ihm gut tut.« (Ebd.: 96)

Medienhandeln als Problembearbeitung verläuft je nach Altersgruppe und Identitätsphase natürlich unterschiedlich; und nur ideologische Positionen behaupten diesbezüglich noch einen Themenkanon und ein pädagogisches Leitmedium. Empirisch – und aufgrund der vielfältigen Medientechnologien und Medieninhalte auch nicht verwunderlich – zeigt sich längst, dass Massenmedien keineswegs immer altersgerecht genutzt werden. Die primäre Mediensozialisation vollzieht sich in der ganzen Bandbreite vom Buch, über Kassette, CD, DVD, TV und zunehmend interaktiver Computersoftware. Zahlreiche Befragungen und Beobachtungen bestätigen, dass Kinder, wenn sie frei wählen können, Programme und Medientypen bevorzugen, die nicht für sie gemacht sind und die dem pädagogischen Ideal der Buch-, Kinderlieder- und Hörspiel-Orientierung widersprechen. Aus diesem Befund hat Neil Postman die prominente Schlussfolgerung vom massenmedial erzeugten »Verschwinden der Kindheit« gezogen (vgl. auch Meyrowitz 1985: 227ff.). Die elektronischen Medien machen alles für jeden bildgewaltig ohne weitere Anstrengung oder Qualifikation zugänglich, und so ist es ihnen »unmöglich, irgendwelche Geheimnisse zu bewahren. Ohne Geheimnisse aber kann es so etwas wie Kindheit nicht geben.« (Postman 1983: 95) Und weiter: »Wir haben Kinder, die Antworten bekommen auf Fragen, die sie nie gestellt haben. Kurzum, wir haben keine Kinder mehr. [...] Jedes Kommunikationsmedium, das man in eine Steckdose stöpselt, hat seinen Teil dazu beigetragen, die Kinder aus dem Horizont kindlicher Wahrnehmung freizusetzen.« (Ebd.: 107)

Alles in allem sind die Massenmedien nicht nur die einschlägigen Produzenten und (Diskurs-)Verwalter gesellschaftlicher Themen, das Archiv verschiedenster Informationen, die moralischen Schaltzentralen für beunruhigende Wirklichkeiten und skandalöse Ereignisse, sondern auch die spätmodernen Agenturen für Identitäts- und Individualisierungsprozesse. Durch medial erzeugte beziehungsweise inszenierte Lebens-, Beziehungs- und Rollenmuster wird dem Publikum Identifikation oder Abgrenzung angeboten und damit eine weitere Möglichkeit, sich aus vielfältigen ›Sets‹ seine Biografie und Identität patchworkartig zusammenzustellen.

2. Formen der Unterhaltung und para-soziale Interaktion

Etliche Diskussionen wurden und werden zu Unterhaltung als Begriff, zu Unterhaltung als Disposition der Zuschauer und zu Unterhaltung als Funktion der Massenmedien geführt. Einigkeit herrscht dabei selten – und doch hat sich mittlerweile eine pragmatische individuenzentrierte Perspektive durchgesetzt. Aus Rezipientensicht ist Unterhaltung, was Unterhaltung verschafft – sei es zum Zeitvertreib, zum *sensation-seeking* (Zuckerman), zur Phantasieanregung, zur regenerierenden Entspannung, zur Erheiterung (auf Kosten anderer) und ähnlicher positiver Stimmungslagen oder als Flucht vor den Rationalitätszwängen der Sozialwelt. Diese Möglichkeiten des Unterhaltungserlebens und unterhaltender Beschäftigung werden seit langer Zeit von der Massenkultur bedient – und in jüngerer Zeit passgenau vom (Privat-)Fernsehen. Vor diesem Hintergrund hat sich das Fernsehen – gleichermaßen wertfrei wie pauschal formuliert – vom Auftrag und Anspruch bildungsbürgerlicher Wertevermittlung, politischer Meinungsbildung und gesellschaftlicher Aufklärung emanzipiert in Richtung flächendeckende Unterhaltung, Voyeurismus, Werbung und Videoclip-Ästhetik. Es bietet mit seinem sehr durchmischten Bildschirmangebot einen *flow* (R. Williams): als Programmorganisation und als Rezipientenerfahrung. Bei der gegebenen Sender- und Formatvielfalt macht es wenig Sinn, noch strikt nach Informations- versus Unterhaltungssendung zu trennen. Die Grenzen sind längst verschwommen, und so liegt es im Auge und Befinden des Betrachters, was ihm zur Information dient und was für ihn unterhaltend ist. Zwei Faktoren werden allerdings immer wieder als Bedingung wie auch Ergebnis gelungener Unterhaltung angegeben: ein allgemeines *feel well* oder *good*

feeling und spezifische positive Emotionen wie Gemeinschaftsge-
fühl, Begeisterung, Leidenschaft, Hoffnung, Dankbarkeit, Stolz
(vgl. Döveling 2005).[40]

Mit den expressiven und emotionalen Film- und Fernseh-
Unterhaltungswelten hat sich zweierlei verändert: (1) Menschen
müssen Schauplätze nicht mehr reisend aufsuchen, um ein Ereignis zu erleben; jeder erhält Zugang; und via Fernsehen sieht der
Zuschauer besser und erfährt mehr als vor Ort. Einen Höhepunkt
erreichen festliche oder tragische Begebenheiten, wenn so gut wie
alle Massenmedien sich zeitgleich darauf konzentrieren und ihre
Sendungen oder Druckerzeugnisse mit ausführlichen Vor- und
Nachberichten exklusiv darauf abstellen. Herausragende Beispiele für solche »Media Events« (Dayan/Katz 1992) sind: der Terror-
anschlag auf das »World Trade Center« am 11. September 2001,
die Trauerfeiern für Lady Diana oder Papst Johannes Paul II., die
Krönung von Elisabeth II. oder die Hochzeit zwischen Charles
und Diana, jedes Finale der Fußballweltmeisterschaften. (2) Soziale Distanzen werden nivelliert, und ein besonderer Modus von
Bekanntheit und intimer Vertrautheit zu Medienpersonen wird
erzeugt. Dieser zweite Punkt firmiert unter dem Stichwort der *para-sozialen (Medien-)Interaktion.*

Es waren Donald Horton und R. Richard Wohl (1956), die diesen Begriff und dieses Merkmal für Radio, Film und Fernsehen
prägten und damit zum Ausdruck bringen wollten, dass dort das
Simulakrum eines wechselseitigen Gesprächs, die Illusion einer
Face-to-Face-Beziehung zwischen *performer* und *spectator* oder *au-
dience* erzeugt wird. Einerseits haben sie die Rolle dieses neuen
Typs von Fernsehdarstellern, Showmastern, Nachrichtenspre-
chern und anderen Medienpersönlichkeiten untersucht, kurz:
die Persona; andererseits die notwendige Komplementärrolle zu
dieser Erscheinung: das (Fan-)Publikum. Wenn der sich unterhal-
tende Zuschauer in der Rezeptionssituation direkt auf das Bild-
schirmgeschehen und die Persona reagiert, dann haben wir es
mit einer para-sozialen *Interaktion* zu tun. Wenn der Zuschauer
verschiedene Medienerfahrungen mit ein und derselben Persona
verknüpft, sein (bewunderndes) Interesse an ihr auf Dauer stellt
und in das eigene Alltagsleben integriert, dann handelt es sich um
eine para-soziale *Beziehung* (vgl. ausführlich Hartmann 2010).

Idealtypisch agiert die Persona vor einem Studiopublikum, das einerseits konkrete Interaktionen möglich macht und andererseits dadurch das Fernsehpublikum anleitet, wie es selbst zu empfinden und zu reagieren hat. Die emotionale Bindung wird dann durch die Regelmäßigkeit der Bildschirmauftritte (ergänzt mit weiterer massenmedialer Berichterstattung, mit strategisch lancierten Äußerungen des Managements und mit öffentlichen Auftritten *off air*) hergestellt, die für Erwartungsstabilität und Planungssicherheit inmitten kontingenter Alltagsereignisse sorgt. Charakterliche (Schein-)Voraussetzungen der Personae sind Wärme, Liebe, Ehrlichkeit und Authentizität. »Beyond the coaching of specific attitudes toward personae, a general propaganda on their behalf flows from the performers themselves, their press agents, and the mass communication industry. Its major theme is that the performer should be loved and admired. Every attempt possible is made to strengthen the illusion of reciprocity and rapport in order to offset the inherent impersonality of the media themselves.« (Horton/ Wohl 1956: 220) Eine ganz persönliche Anrede und Begrüßung beziehungsweise Verabschiedung schaffen – ebenso wie zwischenzeitliche Adressierungen und Bitten oder Aufforderungen an die »Leute vor dem Bildschirm«, an »jeden da draußen«, an »alle, die uns heute wieder eingeschaltet haben«, an »Euch, liebe Kinder« etc. – die Illusion einer persönlichen Beziehung, schaffen zusammen mit anderen emotionalen Modulen und Rahmungen jene *intimacy at a distance*.

Analog zur ortho-sozialen Begegnung mit Anderen macht der Zuschauer seine Erfahrungen mit der Persona durch Beobachtung und Interpretation ihrer Gesten, Stimme, Stimmungen, Konversation und Verhaltensweisen und deklariert sie sukzessive als vertrauten Freund, Ratgeber oder Tröster. Letztlich kommt gerade der Fan – aufgrund fortwährender »collaborative expectancy« – zu dem tiefen Glauben, dass er seinen Medienliebling besser als alle anderen kennt, versteht und umfassend seine Einstellungen, Überzeugungen und Werte teilt (vgl. ebd.: 216). So entsteht eine kognitive wie emotionale *Loyalität*, die der treue Fan in guten wie auch schlechten Zeiten zeigt: sei es, um seinen Star auf dem Weg zu Ruhm und Erfolg zu begleiten; sei es, um seinen Star (gegen alle Widerstände, Ungerechtigkeiten, Verfehlungen) auf der Spitze des Erfolgs und der Anerkennung zu halten. »The ›personality‹ program, however, is peculiarly favorable to the formation of compensatory attachments by the socially isolated, the socially inept, the aged and invalid, the timid and rejected. The persona himself is readily available as an object of love – especially when he succeeds in cultivating the recommended quality of ›heart‹. Nothing could be more reasonable or natural than that people who are isolated and lonely should seek sociability and love wherever they think they can find it. It is only when para-social relationship becomes a substitute for autonomous social participation, when it proceeds in absolute defiance of objective reality, that it can be regarded as pathological.« (Ebd.: 223) Ein jüngeres negatives Phänomen dieser pathologischen Richtung ist der Stalker beziehungsweise das Stalking.

Mediennutzung und Rezeptionsprozesse verlaufen also alles andere als gleichgültig oder bewusst zweckrational. Zuschauer sind immer auch – mal stärker, mal schwächer – emotional involviert. Sie betreiben via Massenmedien und Mediengebrauch ihr individuelles *mood management* (Zillmann): Die aktuelle Stimmung kann zur eigenen (reflektierten) Anschauung gebracht werden. Schlechte Stimmungen sollen beispielsweise abgebaut oder beendet werden – stattdessen sollen Vergnügen oder Glücksempfinden an ihre Stelle treten (vgl. Weiß 2001: 217ff.; Döveling 2005: 79ff.). Das para-soziale Verhältnis und die massenmedial gestiftete Intimität machen auch erklärbar, dass ein großes Publikum beim Tod von Prominenten und Medienstars einen geradezu persönlichen Verlust erleidet und in kollektive Trauer verfällt. Genau besehen gibt es zwei Arten des Medientodes, denen eine eigentümliche Ironie oder Paradoxie innewohnt (vgl. Meyrowitz 1985: 120). Einerseits stirbt ein Schauspieler, Sänger, Serienheld etc. den Medientod, bleibt aber ›in real life‹ lebendig (die jüngere *media community* beweinte beispielsweise einst heftig die Auflösung der *Beatles* wie auch jene von *Take That*). Andererseits stirbt ein Medienstar tatsächlich, bleibt aber medial durch Aufzeichnungsmaterial lebendig und beliebig oft verfügbar (z.B. Grace Kelly, James Dean, Elvis Presley, John Lennon oder Kurt Cobain).

Neben der breit thematisierten Fernsehunterhaltung ermöglichen natürlich diverse andere Medienangebote Zerstreuung,

Phantasieanregung oder das Einüben virtueller Wahrnehmungsmodi und Fingerfertigkeiten. Eine gewichtige Rolle spielen hier in jüngerer Zeit die interaktiven Computerspielwelten. Jedes Computerspiel bildet eine abgeschlossene (Möglichkeits-)Welt mit eigenen Regeln und Raum/Zeit-Dynamiken; und parallel ist es von der Bereitschaft und den Aktionen des Spielers abhängig. In ästhetischer und handelnder Hinsicht ist die ›subjektive Perspektive‹ das zentrale Element, das den Spieler ganz involviert und emotional stark affiziert. Der Erregungszustand korreliert wesentlich mit der Identifikationsmöglichkeit einer subjektiven Akteursposition im Computerspiel. In anderen Worten: Die ›subjektive Perspektive‹ leistet die Kopplung zwischen dem Spieler-Ego und einer zentralen Handlungsposition durch einen Avatar, eine (animierte) Spielfigur, einen *Shooter* etc., transzendiert damit erlebendes Beobachten und transformiert die Alltagsunterhaltung in die extraordinäre, aber gleichwohl handlungsmächtige virtuelle Spielwelt mit ihrer je eigenen narrativen Struktur.

Die Liste an Unterhaltungsmöglichkeiten ließe sich noch deutlich verlängern, wichtig ist zum Abschluss ein allgemeiner Befund gesellschaftstheoretischer Art. Die Ausweitung von Unterhaltungsfaktoren auf ursprüngliche Nicht-Unterhaltungswelten und die Erhöhung von ›hedonistischer Eventisierung‹ in verschiedenen Vergesellschaftungsbereichen ist eine Seite der Medaille, bedient von den massenmedialen und massenkulturellen Produzenten und Akteuren. Die Erwartungshaltung und Suche nach immer mehr Unterhaltung und Spaß bei den Rezipienten und Konsumenten ist die andere Seite dieser Medaille. Man muss dieser Diagnose nicht gleich die kulturkritische und moralinsaure Abwehrkeule entgegenhalten, aber bedenkenswert ist ein empirischer Befund, den Hitzler (2002: 256) festgestellt hat: »Weder dass ›alle‹ *gelegentlich* ihren Spaß haben wollen, also weder die ›Entwertung des Wertvollen‹ durch populärhedonistischen Massenkonsum noch der Verzicht auf Diätetik im ›juvenilen‹ Radikalhedonismus impliziert m.E. also ein gravierendes Problem sozialer Verkehrsordnungen. Das Ordnungsproblem, das auf dem Weg der Gesellschaft in die Spaßkultur entsteht, resultiert vielmehr daraus, dass zwar zwei Drittel aller Leute den Sinn ihres Lebens darin sehen, selber zu tun, was ihnen gefällt, dass – der gleichen

Untersuchung zufolge – aber weniger als *ein* Drittel der Befragten akzeptieren will, dass auch andere einfach das tun, wozu *sie* eben Lust haben.«

3. Internetnutzung

Das Internet zeigt eine fulminante Medienevolution, nachdem und indem es seine technischen Ausgangsideen und sozialen Intentionen in kurzer Zeit auf unvorhersehbare Weise transzendiert hat. ARPANET, FIDONET und WORLDWIDEWEB bilden in den 30 Jahren zwischen 1962 und 1992 mit seinen Computernetzwerken, Programmierroutinen und Bildschirmoberflächen die spezialisierte und elitäre Basis für weltweite Informationsverbreitung, Kommunikationsprozesse, Arbeitskooperation und Medienrezeption und haben dadurch unser Handeln wie auch die modernen Gesellschaftsstrukturen nachhaltig beeinflusst und – unter Einschluss des Bisherigen/Bekannten – re-arrangiert (vgl. dazu Ryan 2010; Castells 2001, 2005; Slevin 2000). Aus dieser kollektiven Technikkonstruktion ist eine egalitäre Medienpraxis und demokratische Medienkultur erwachsen, für die vor allem zweierlei charakteristisch ist. (a) *Sozialdimension*: Die Organisation ist dezentral; Zugang und Partizipation sind massenkompatibel, weil (bedienungs-)technisch leicht und ökonomisch äußerst günstig; alle (innovativen) Strukturen, Angebote, Inhalte und Nutzungsmöglichkeiten resultieren aus den Aktivitäten von Computereliten und massenmedialen Professionsrollen (unterstützt durch Risikokapitalunternehmer); und Erfolg, Nachhaltigkeit, Optimierungen wie auch Veränderungen hängen direkt von der Akzeptanz und Praxis der Nutzer(gemeinschaft) ab. Im Internet und WWW können nicht zuletzt deshalb so gut wie alle nach ihren Kompetenzen und mit ihren Ideen mitwirken, weil es keinen Arkanbereich darstellt und gibt, sondern im Gegenteil fast alles (Hintergrund-) Wissen selbstreflexiv offengelegt und zur lernenden Aneignung, praktischen Verwendung, individuellen bis kollektiven Intervention und strukturellen Veränderung angeboten wird. Daraus resultiert eine besondere Dynamik des Wechsels zwischen Publikums-, Amateur- und Professionsrollen, zwischen Consumer-

und Prosumer-Welten. Anders gesagt: Nutzer gestalten mit ihrer Praxis die Internetwelt kontinuierlich mit und um und realisieren damit (reziprok und interaktiv) Medienmöglichkeiten und Spielräume, die in anderen Massenmedien radikal beschränkt sind beziehungsweise verhindert werden.

(b) In der *Sachdimension* wiederum manifestiert sich eine digitale ›Totalintegration‹ aller verfügbaren Medien. Hinsichtlich Form und Technik gibt es mittlerweile kein Verbreitungsmedium, das nicht auch im und durch das Internet nutzbar und rezipierbar ist: Musik- und Radiohören, Zeitungs-, Zeitschriften- und Buchlektüre, Film-, Fernseh- und Videoschauen, (Action-, Adventure-, Strategy-)Games alleine oder kollektiv spielen; und zu ergänzen ist das um verschiedene Kommunikationstechnologien des One-to-one oder One-to-Many wie Emailen, Chatten, Skypen, Bloggen und anderweitige sozial adressierende Text-/Bildproduktionen. Die Anwahl und Aneignung differenter (Massen-)Medien innerhalb der einen Medientechnikwelt des Internet bedeutet damit ein fulminantes Verbundsystem. Damit geht allerdings (bisher) keine Transformation der ureigenen Logiken der ›klassischen‹ Massenmedien einher. Sie werden zwar technisch digitalisiert, bleiben aber ansonsten unter den Aspekten der Produktion, Ästhetik und Rezeption stabil und autonom. Als digitales Medienverbundsystem leistet das Internet eher eine prinzipielle Erhöhung der Rezeption und Aneignung verschiedener Massenmedien und Informationsquellen – der zeitliche wie ökonomische Aufwand ist schließlich um ein Vielfaches geringer, insofern nur wenige Klicks die Angebote und Inhalte trennen.

Entgegen der bisweilen propagierten Auffassung, dass das Internet eine gesonderte virtuelle Sphäre gegenüber der ›natürlichen‹ Alltagswelt darstellt und die User zwischen zwei Welten wechseln, bestätigen empirische Studien fast durchweg, dass es sich vielmehr um eine Ausweitung und Fortsetzung sozialer Aktivitäten aus den Bereichen des Arbeits-, Familien- und Freizeitlebens handelt (vgl. Wellman/Haythornthwaite 2002; Castells 2005: 131ff.; Leistert/Röhle 2011; Neumann-Braun/Autenrieth 2011). Menschen integrieren das Internet auf vielfältige Weise in ihre Lebenswelt und passen es ihren Relevanzen und Interessen an, anstatt sich umgekehrt davon determinieren, entfremden und gänzlich umformen zu lassen.[41] Und die meisten User verfügen über pragmatische, (sich selbst) limitierende Nutzungsregeln (vgl. dazu Slevin 2000: 163f.). Der einsame und pathologische Internetuser ist demzufolge eine Randerscheinung und Übertreibung.

So wie wir verschiedene Adressen und Programme des Internet ansurfen und uns aneignen, so navigieren wir auch mit und auf verschiedenen Identitäten durch die Internet-Galaxie.[42] Teils bestimmen unsere Identität und ineins damit unsere Handlungsprobleme, Relevanzen, Intentionen und Ziele die kontrollierte Wahl von Medienangeboten und -formen; teils produzieren und lenken die Internetseiten/-programme den Brennpunkt unseres Interesses und erzeugen eine ungerichtete, immersive Surfer-Identität. Idealtypisch sind in der Internetnutzung folgende soziale Figuren anzutreffen und zu unterscheiden: der computerversierte Berufstätige, der gut informierte Bürger, das stabil vernetzte Familienmitglied, der Selbstdarsteller und schwach gebundene Freund, der befristete (Network-/Community-)Aktivist, der (explorative) Unterhaltungsmensch.[43] Die aktive Fortentwicklung und (Um-)Gestaltung des so genannten »Web 2.0« ist und bleibt dabei relativ gering. Die höchste Attraktivität besitzen (in der Abstufung ihrer Bedeutung) folgende Tätigkeiten beziehungsweise Regionen: Versenden/Empfangen von Emails, (Meta-)Suchmaschinen, zielloses Surfen, Online-Shopping/Auktionen, Download von Dateien, Games, Homebanking, Social Media, (tägliche) Zeitungslektüre, Gesprächsforen/Chats/Blogs (vgl. Castells 2005: 206; ARD/ZDF-Onlinestudie 2010; zur monatlichen Hitparade der 1.000 meist besuchten Websites: www.alexa.com/topsites). Wie auch immer die Internetpraxis konkret und individuell gehandhabt wird, eines eint alle, die sowohl eher passiven als auch aktiven User (*pull* versus *push*): ein soziales Reflexivitätsbewusstsein, gepaart mit einer generellen Reziprozitätseinstellung. Jeder sieht kontinuierlich anhand von Kommentaren, Bewertungen, Produktstatistiken, Seitenaufrufzahlen, Tauschbörsen etc., dass auch Andere online waren und sind; und dies beeinflusst – von der Cookie-Lenkung ganz abgesehen – das eigene Netzverhalten (mal mehr, mal weniger kontrolliert). Und jeder kann auch selbst Andere zu einem bestimmten Verhalten oder einer Einschätzung motivieren, indem er sein kritisches Räsonnement oder seine Erfahrungen (mit gradueller Bewertung) oder Dateien veröffentlicht – gepaart mit der Erwartung, dass darauf wiederum Andere reagieren.

Das heutige Internet hat die frühe Read-Only-Rezeptionskultur hinter sich gelassen und eine Read/Write/Audiovisual-Partizipationskultur installiert (vgl. Lessig 2008). Paradigmatisch zeigt sich das an den Social Media beziehungsweise Social-Network-Sites (siehe allgemein zur Theorie und Praxis der SNS: Michelis/ Schildhauer 2012; Leistert/Röhle 2011). Dort werden technische Netzwerkanbindung, soziale Gruppenintegration und multimediale Ästhetik zusammengeführt. Deren Hauptfunktionen und entsprechend auch die Motive der Teilnahme bestehen in: (reflexiver) Selbstdarstellung, Eindrucksmanagement, Verwandtschafts-/ Freundschaftspflege, Produktion von Meinungsvielfalt und Unterhaltung – und dies raum- und zeitunabhängig (vgl. boyd/Ellison 2007: 8f.; Wagner et al. 2009: 2, 64ff. und 100; Neumann-Braun/ Autenrieth 2011). Die Online-Vernetzung unterstützt in erster Linie bestehende Sozialbeziehungen, in zweiter Linie kann sie themengebundene, zeitlich befristete Bindungen zwischen Akteuren herstellen, die sich sonst nie begegnet wären, und in dritter Hinsicht können unter besonderen Bedingungen Kontakte und Beziehungen initiiert werden, die dann offline intensiviert und verstetigt werden. In diesem Sinne betonen boyd/Ellison: »networked practices mirror, support, and alter known everyday practices« (2007: 12). Aber vorrangig gilt: Online-Networkers »are primarily communicating with people who are already a part of their extended social network« (ebd.: 2); »most SNSs primarily support pre-existing social relations« and enable worldwide persons »to socialize with their friends even when they are unable to gather in unmediated situations« (ebd.: 10). Damit korreliert der empirisch gesättigte Befund, dass das Internet im Allgemeinen und SNS im Besonderen einen globalen Horizont appräsentieren, die Partizipationspraxis aber strikt regional verfährt.

Wagner, Brüggen und Gebel haben in ihrer 2009er Studie »Web 2.0 als Rahmen für Selbstdarstellung und Vernetzung Jugendlicher« gesondert die Nutzungspraxis der 14- bis 20-Jährigen untersucht und deren Teilnahme an drei verschiedenen Social-Media-Regionen festgestellt (und analytisch unterschieden). (a)

Bei den kommunikativen Internetplattformen (z.B. Facebook, My-Space, Lokalisten, SchuelerVZ) wird ein eigenes Profil angelegt und öffentlich verbreitet, Beziehungspflege mit Freunden und Bekannten betrieben und aufmerksam das Profil Anderer (bekannter wie unbekannter Personen, vor allem von Stars und Prominenten) gesichtet und beurteilt (vgl. Wagner et al. 2009: 21ff.). (b) Bei den produktiv orientierten Internetseiten (z.B. Youtube, MyVideo, Flickr, Blogster) stehen Präsentation und Verbreitung selbst gestalteter oder digital kopierter beziehungsweise nachbearbeiteter Werke im Vordergrund. Zugleich geht es um die Rezeption massenmedialer Inhalte, die zur Unterhaltung oder (reflexiven) Orientierung und Identitätsarbeit dienen (vgl. ebd.: 24ff.). (c) Bei den pädagogisch ausgerichteten Plattformen (z.B. Fluter, Lizzynet, Netzcheckers) steht die aktive, engagierte, kritische Aneignung und Verbreitung jugendnaher Themen und Meinungen im Vordergrund (vgl. ebd.: 27f.). Insgesamt variieren mit diesen Internetangeboten auch die Formen der Partizipation Jugendlicher nach: ›sich positionieren‹, ›sich einbringen‹ und ›andere aktivieren‹ (vgl. ebd.: 75ff.).

Man kann diese Partizipationsweisen der Selbstpräsentation, des kommunikativen Engagements und der Beeinflussung Anderer unschwer auch älteren Nutzern attestieren. Ein wesentlicher Unterschied besteht allerdings darin, dass mit zunehmendem Alter die fragile Identitätsarbeit abnimmt – nicht zuletzt Berufstätigkeit und eigene Familie fördern und geben in dieser Hinsicht beispielsweise stabile Wertbindungen, Rollenstrukturen und Anerkennung – und andere Relevanzen und Interessen der Internetnutzung in Abhängigkeit zur Teilhabe an spezialisierten Vergesellschaftungswelten wie auch an organisierten Sozialsystemen dominieren. Allemal wird aber am und im Internet auch in Zukunft zu beobachten bleiben, welche Nutzungsversprechen mit welchen Bedürfnissen kongruieren und wie sich das ›Innovationsgesetz der Wenigen‹ mit dem ›Praxisgesetz der Vielen‹ verträgt.

> *Will man ein Urteil über die Möglichkeiten
> der Selbstbeschreibung der modernen Gesell-
> schaft gewinnen, muß man vor allem beden-
> ken, daß sie [...] den Eigengesetzlichkeiten der
> Massenmedien folgt. (Luhmann 1997: 1097)*

Mediensoziologie wird je nach (Problem-)Perspektive und Gegenstandsbereich entweder eher mit den Mitteln einer soziologischen
Gesellschafts- und Strukturtheorie oder denen einer soziologischen Handlungstheorie betrieben. Je nach Aufgabenstellung und
Untersuchungsfeld wechselt sie so zwischen der Makro- und der
Mikroebene des Sozialen. Eine Pointe besteht letztlich darin, dass
Medientheorie ganz grundsätzlich in Korrelation zu Sozial- beziehungsweise Gesellschaftstheorien einerseits und Kulturtheorien
andererseits zu stellen ist. Denn erstens sind mediale Errungenschaften stets in soziokulturelle Prozesse eingebunden, werden
für soziale Probleme entworfen und durch die kulturelle Praxis
verändert. Zweitens versorgen die Massenmedien ihre Rezipienten mit (mal mehr, mal weniger) relevantem Wissen von gesellschaftlichen Ereignissen, Rollenidealen, Situationserwartungen
sowie historischen oder fiktiven Wirklichkeiten; sie bieten dadurch
Orientierung, handlungsleitende Unterstützung oder (affektuelle)
Freizeitunterhaltung. Drittens steht im Hintergrund aller medien-
soziologischen Untersuchungen die konstitutive Fragestellung:
Wie stellen (Massen-)Medien soziale Ordnung her? Indem die
Mediensoziologie die Wechselwirkungen zwischen Gesellschaft,
Medien und Individuum untersucht, fokussiert sie entweder von
gesellschaftlichen Strukturen, Medientechnologien und Medien-
angeboten auf das Individuum; oder vom Individuum und seinem
Medienhandeln oder Rezeptionsprozess auf soziale Situationen
und Vergesellschaftungsbereiche; oder schließlich vom Feld der
Massenmedien auf andere Gesellschaftsbereiche und *vice versa*.
Generelles Basistheorem bleibt allemal die medienfundierte gesellschaftliche wie individuelle Konstruktion von (geschichtlichen,
aktuellen oder möglichen) Wirklichkeiten.

Eine zentrale Aufgabe der allgemeinen Soziologie besteht nun darin, die gegenwärtigen Strukturen der spätmodernen Gesellschaft adäquat zu beschreiben und zu ihrer hinreichenden Deutung beizutragen. Häufig führt das im Ergebnis auf eine erfindungsreiche Bezeichnung und prägnante Kurzformel. Als mal mehr, mal weniger geeignete Kandidaten wurden in jüngster Vergangenheit verschiedene Gesellschaftsbegriffe eingeführt, die sowohl in den Sozialwissenschaften als auch in akademisierten Alltagswelten eine beachtliche Karriere aufweisen können. Im Feld gesellschaftlicher Grundbegriffe und gesellschaftlicher Selbstbeschreibungen konkurrieren miteinander beispielsweise die Arbeits-, Risiko-, Erlebnis-, Kommunikations-, Informations-, Wissens-, Netzwerk- oder Multioptionsgesellschaft und viele andere mehr (vgl. Kneer et al. 1997). Die »Mediengesellschaft« kommt hier (seit Mitte der 1980er Jahre) als weiterer Kandidat ins Spiel. Bei all diesen Begrifflichkeiten besteht jedoch die Gefahr, dass jeweils ein gesellschaftlicher Struktureffekt *pars pro toto* hypostasiert, eine gesellschaftliche Momentaufnahme generalisiert wird. Damit lassen sich nur sehr unzureichend die verschiedenen Strukturmerkmale der gegenwärtigen Gesellschaftsform in ihrer Komplexität systematisch beobachten, beschreiben und erklären.

Hinter dem soziologischen Aufmerksamkeitsspiel um modische Wortschöpfungen und neben aller prinzipiellen Begrenztheit der Aussagekraft und Begriffsextension muss es aber Gründe geben, dass zu einem bestimmten Zeitpunkt ein neuer Gesellschaftsbegriff ausgerufen und ausgetestet wird und soziologische Diskurse beeinflusst. Für den Fall der »Mediengesellschaft« wollen wir dies herausarbeiten (vgl. Imhof et al. 2004 und Ziemann 2006b). Aus der Perspektive der zu Anfang skizzierten *allgemeinen* Mediensoziologie scheint viel für die Mediengesellschaft zu sprechen: Leben und handeln wir doch inmitten einer durch Wahrnehmungs-, Verständigungs-, Verbreitungs-, Erfolgs- und Ordnungsmedien geformten und dirigierten gesellschaftlichen Wirklichkeit und sind unsere verschiedenartigen Denkweisen, Handlungen und Kommunikationsprozesse ohne diese Medien weder realisierbar noch zu steuern. Anders gesagt: Nachhaltig und teils unersetzbar bedingen und formen die genannten Medien – neuerdings vor allem *integrierte* Medienkomplexe – zwischenmenschliche Gespräche, private und öffentliche Situationen, die Entscheidungsprozesse und (digitalisierte) Infrastruktur in Organisationen und eben auch die Regeln, Kommunikationsformen, Leistungsbeziehungen und Grenzen der ausdifferenzierten Gesellschaftssysteme. Vor allem der gesellschaftstheoretische Fokus auf den Medienwandel legt es schließlich nahe, dass ohne das gegenwärtige mediale Komplexitätsniveau und die digitalen Verschaltungen der (Massen-)Medientechnologien die globale Vernetzung der verschiedenen Gesellschaftsbereiche wie auch die Einheit der Weltgesellschaft unmöglich, besser: hoch unwahrscheinlich, wären – dass sie also geradezu die Bedingung der Möglichkeit für spätmoderne Sozial- und Systemintegration darstellen.

Das entscheidende Argument sind nicht das Anwachsen und die fortwährende Optimierung von Medientechnologien an sich, ihr kunstfertiger oder mathematisch-physikalischer Aufbau, ihre Materialität, Kapazität und Verschaltung, sondern die daraus resultierenden Konsequenzen, Einwirkungen und Umbrüche für die Form der Gesellschaft und für das soziale Leben. Wenn die Rede von der Mediengesellschaft also triftig sein soll, dann muss nicht zuletzt empirisch nachgewiesen werden:

(a) dass (Massen-)Medien für die gegenwärtige Gesellschaft ganz generell strukturell und operativ unverzichtbar sind,

(b) wie sie zur Kontingenzbewältigung und zum Komplexitätsaufbau beitragen respektive diese forcieren,

(c) dass eine definitive Autonomie des Systems der Echtzeitmassenmedien und der audiovisuellen Medienwirklichkeiten besteht aufgrund eines hohen Grades an struktureller Ausdifferenzierung und Reflexivität,

(d) wie die Massenmedien mit ihrer Eigenlogik und Eigendynamik die Logik und Gesetzmäßigkeiten anderer sozialer Prozesse und Entscheidungen bestimmen und

(e) wie schließlich die vielfältigen Formen sozialen Handelns auf Medienhandeln beruhen oder durch dieses motiviert sind oder spezifische Medienfolgen auslösen.

Üblicherweise wird die Mediengesellschaft nicht vor dem Hintergrund dieses – zu Anfang eingeführten und oben wiederholten – breiten Medienbegriffs und nur selten für alle drei (Mikro-, Meso-, Makro-)Ebenen der Gesellschaft zur Anwendung gebracht und profiliert. Typisch ist stattdessen die (als vollkommen neuartig gesehene) gesamtgesellschaftliche Zentralstellung des Funktionssystems der Massenmedien und ihrer Unternehmen sowie die dort notwendig vorauszusetzende Erzeugung und Verbreitung von Informationen für andere Gesellschaftsbereiche und für diverse Publika. Die mediengesellschaftliche Strukturänderung meint dann vor allem die quantitativ-qualitativ enorme Steigerung von massenmedialen (Spezial-)Angeboten, die Ökonomisierung der Massenmedien[44] und die Beeinflussung politischer Öffentlichkeit und politischer Praxis durch dieselben. So spricht beispielsweise Otfried Jarren (1998: 74) von der »Mediengesellschaft«, weil »die publizistischen Medien sich quantitativ und qualitativ immer mehr ausbreiten, [...] die Vermittlungsleistung von Informationen durch die Medien sich enorm beschleunigt hat, [...] sich neue Medientypen herausgebildet haben, [...] Medien immer engmaschiger die gesamte Gesellschaft durchdringen, [...] Medien aufgrund ihrer hohen Beachtungs- und Nutzwerte gesamtgesellschaftliche Aufmerksamkeit erlangt haben und Anerkennung beanspruchen [...] und sich letztlich zu Institutionen entwickeln.«

Auch nach Ulrich Saxer (vgl. 1998 und 2004) gründet die Mediengesellschaft in der Emanzipation und Ausdifferenzierung der Massenmedien zu einem autonomen Gesellschaftssystem. Zuerst entkoppeln und befreien sich die Massenmedien von ihren traditionellen Leistungsbeziehungen zu Religion und Politik, zu Kirchen, Parteien und Gewerkschaften. Dann wird – nicht zuletzt unter ökonomischem Einfluss – Medienkommunikation zum *sozialen Totalphänomen*: »*Als Mediengesellschaft wird ein Gesellschaftstyp bezeichnet, der von Medialisierung durch und durch geprägt wird. Deren gesellschaftliches Gestaltungsvermögen gründet in der Ausdifferenzierung des Elementes Medialität in Kommunikationsprozessen und der Emanzipation der Mediensysteme aus institutionellen Bindungen.*« (Saxer 2004: 153) Die zahllosen Drucksachen, Bilder, Filme und sonstigen massenmedialen Erzeugnisse durchwirken (teils funktional, teils dysfunktional) demnach unsere Lebenswelt wie auch die zahlreichen Interaktions-, Organisations- und Funktionssysteme, vermischen soziale Alltags- mit Medienwirklichkeiten und entgrenzen schließlich einst klar konturierte und eindeutig definierte soziale Situationen und Gesellschaftsbereiche.

Als Bedingung von Publizität, Medialität und wirtschaftlicher Rentabilität der Massenmedien fungiert (individuelle wie kollektive) Aufmerksamkeit. Konsequent wurde deshalb die Mediengesellschaft mit der *Aufmerksamkeitsökonomie* in Verbindung gebracht. Eingeführt von Georg Franck (1998), liegt diesem Konzept die Annahme zugrunde, dass Aufmerksamkeit inmitten der spätmodernen Informations- und Kommunikationssphären neben Geld und Zeit die dritte zentrale Ressource ist und folglich als »neue Währung« zu begreifen sei. Aufmerksamkeit ist als knappes und begehrtes Gut »zu den wirtschaftlich maßgeblichen Faktoren des informationstechnischen Zeitalters aufgerückt«; und es zeigt sich, »daß ihre technische Substitution wie auch professionelle Attraktion zu gleichermaßen anschaulichen Industrien herangereift sind« (Franck 1989: 700). Nicht wenige haben dann vor dem Hintergrund des Medien- und Kulturwandels an dieser Einkommens- und Verteilungstheorie der Beachtung und verschiedener Aufmerksamkeitskapitalsorten mitgeschrieben. Stellvertretend, aber besonders pointiert, konstatiert etwa Siegfried J. Schmidt (2000b: 3): Es sei längst unübersehbar, dass »Aufmerksamkeiten und das Management von Aufmerksamkeitsbindung in allen Dimensionen zum sozialen Steuerungsmechanismus der Mediengesellschaften geworden sind. Dieser Mechanismus ist primär, die jeweiligen Inhalte sind eher austauschbar. Wenn diese These zutrifft, dann sollten wir bald damit beginnen, nicht nur über Aufmerksamkeitskonsum nachzudenken, sondern auch über die sozialen und politischen Steuerungsinstrumente in Aufmerksamkeitsgesellschaften (voilà, ein neuer Kandidat).«

Alle Vergesellschaftungsbereiche haben zwar ihre eigenen Aufmerksamkeitsregeln ausgebildet, die festlegen, was relevant ist, welche Themen kommuniziert werden können oder sollen und wie ihr (System-)Gedächtnis beziehungsweise ihre Geschichte zwischen Erinnern/Vergessen eingestellt ist. Stärker denn je – so die allgemeine Einschätzung – hängt aber eben diese gesellschaftliche Generierung und Steuerung von Aufmerksamkeit von den Technologien, Formaten, Archiven, Netzen und Produzenten der Massenmedien ab. Deshalb können Ereignisse, Personen und

Themen nur dadurch *gesamtgesellschaftlich* bekannt und bedeutsam werden, dass sie von den Massenmedien mit Aufmerksamkeit bedacht und öffentlich verbreitet beziehungsweise zugänglich werden. Damit verbunden ist ein Kult um Personen, ein Wettkampf um persönliches Aufmerksamkeitskapital, der zu regelrechten Taxierungs- und Akkumulationseffekten geführt hat. Der kulturelle Kapitalmarkt der Aufmerksamkeit zeigt folgende differenzierte Abstufung (vgl. Franck 1998: 118ff.): (1) *Prestige* als jenes Ansehen, welches einen bekannt macht, weil man sich vom Jedermann ein wenig abhebt und einen viele beachten. (2) *Reputation* ist der Reichtum an Beachtung, der einem durch bereits bekannte Personen zuteil wird und sich auf spezifische Leistungen gründet. (3) *Prominenz* ist das Aufmerksamkeitskapital jener, die während ihres Lebens über einen bestimmten Zeitraum weithin bekannt sind, deren Namen, Stellung und Funktion jedermann kennt, ohne notwendig besondere Kenntnis und Urteilskompetenz von Grund und Leistung dafür zu haben. (4) *Ruhm* ist schließlich die höchste Bekanntheitsform, die ›große Unsterblichkeit‹, die sich dem kulturellen Gedächtnis verdankt sowie einschreibt und bereits ausschließlich mit dem Namen auskommt – also weder auf Lebenszeit beschränkt noch auf Wissen um Biografie und Erfolge angewiesen ist.

Die konkurrierenden Strategien um Aufmerksamkeit und gerade die massenmediale Steigerungsspirale von Aufmerksamkeit für alle möglichen Themen, Personen und Produkte sorgen schließlich für zwei paradoxe Effekte. (1) Je stärker Massenmedien inmitten ihrer Konkurrenz Aufmerksamkeit erzeugen, umso weniger wird deutlich, wem oder was konkret die Aufmerksamkeit zu gelten hat. Der Effekt oder die Form substituieren somit die Substanz und den Inhalt. (2) Gesteigerte Aufmerksamkeitsproduktion auf Seiten der Massenmedien bedeutet in der Konsequenz abnehmende Aufmerksamkeitsmobilisierung auf Seiten der Publika. »*Je erfolgreicher die Medien [...] Aufmerksamkeit erzeugen, desto unvermeidlicher erzeugen sie Aufmerksamkeitsverknappung. Aufmerksamkeit als Voraussetzung für Vermarktung führt zwangsläufig zur Vermarktung von Aufmerksamkeit.*« (Schmidt 2000a: 274)

Innerhalb vieler Untersuchungen zur Mediengesellschaft oder statt jener Etikettierung findet sich gleichermaßen prominent der Begriff der *Medialisierung* (vgl. etwa Altheide/Snow 1988 und Schade 2004). Er zielt vor allem auf das Prozesshafte der mediengesellschaftlichen und medienkulturellen Veränderungen. Er ist die begriffliche Fixierung für die Orientierung oder Überlagerung sozialen Handelns (bis hin zum Ersatz für soziale Beziehungen) durch den Gebrauch von Medientechnologien einerseits und die rezeptive Aneignung von massenmedialen Produkten und Formaten andererseits. Die lebensweltliche *Arbeits- und Freizeitgestaltung* ist beispielsweise dort stark medialisiert, wo Handlungs-, Kommunikations- und Entscheidungsprozesse nicht mehr ohne (digitalisierte) Medientechnologien und Medienrezeption möglich sind und maßgeblich durch deren Logik beeinflusst werden: Partnerschaftssuche und -vermittlung im WWW und entsprechende datenbankbasierte Managementsysteme (DBMS), Online-Banking, vernetzte Computerspiele, televisive oder computerbasierte Börsenbeobachtung und computergesteuerte Echtzeitreaktion auf die Kursentwicklung oder auch alle Formen von »Computer-Supported Cooperative Work« (CSCW).

Politische Medialisierung meint die Beeinflussung und Durchdringung der kollektiven Entscheidungsfindung bei divergierenden Interessen durch die Logik der Massenmedien und die Praxis des meinungsbildenden Journalismus; betrifft also die Politiker und politischen Ämter einerseits und die (räsonierende) Öffentlichkeit, das Wählerpublikum andererseits. Sie manifestiert sich dort, wo der politische Diskurs, wo politische Lösungen der Politik der Darstellung, der inszenierten audiovisuellen Schau- und Showpolitik folgen: etwa in der Ausrichtung politischer Entscheidungspraxis an journalistischer Berichterstattung beziehungsweise ›Stimmungsmache‹ oder an steigender/sinkender Wählerzustimmung anhand massenmedial präsentierter beziehungsweise inszenierter Umfragewerte. Vor allem der Einfluss des Fernsehens auf die Politik erzeugt ein neues Spannungsfeld zwischen ihrer Herstellung und Darstellung. Im Extremfall kann das bedeuten: »Der Kurzschluß von *Darstellung* und *Vorstellung* von Politik ersetzt ihre *Herstellung*.« (Meyer 1994: 140) Auch bei Parteitagen und Wahlkampfveranstaltungen bestimmt immer weniger das politische Ereignis an und für sich, dass darüber in Radio, Fernsehnachrichten und Tageszeitungen berichtet wird, sondern die

Politik folgt von vorneherein den Gesetzen der Massenmedien, ihren speziellen Nachrichtenwertfaktoren und Erwartungen (z.B. in ästhetischer, emotionaler, populistischer Hinsicht), damit überhaupt gesendet wird. »Mediendemokratie«, »Medienkanzler« und »Politainment« sind dafür nur drei bekannte Schlagwörter (vgl. Dörner 2001 und bereits Meyrowitz 1985: 290ff.).

Wissenschaftliche Medialisierung ist an professoralen TV-Auftritten mit erhofften Reputationsgewinnen beobachtbar oder an anderweitig personalisierten Kooperationen/Kollaborationen zwischen Journalisten und Fachwissenschaftlern – entgegen der traditionell entpersönlichten Erkenntnisproduktion und Wahrheitsfindung und der exklusiven Veröffentlichung in wissenschaftlichen Verlagen und Fachjournalen. *Familiale* Medialisierung wiederum geschieht durch die Aneignung entsprechender Spezialzeitschriften wie »Baby & Familie«, »Eltern«, »Leben & erziehen« etc. und das anschließende Annehmen oder streitende Ausringen der empfohlenen Familienkommunikation, Erziehungstipps oder etwa gemeinsamen Ernährung. Dadurch überlagert dieses Medienangebot traditionelle Verhaltensweisen und sorgt durchaus für ein großes Maß an (Entscheidungs-)Unsicherheit, wie sich wer verhalten soll und wie den Kindern und dem Familienleben das Beste zu geben sei. Die familiale Medialisierung findet zunehmend ihren Ausdruck auch durch Auftritte von ›Problemfamilien‹ in entsprechenden Fernsehformaten und ihrer Rückwirkung auf die Zuschauer (»Die Super-Nanny«). Das sind nicht mehr Orientierungsangebote (neben vielen anderen), das sind schon sehr konkrete Eingriffe und Einmischungen in soziale Bereiche, die einst privat und eingehegt waren. Solcher Art wirken Medialisierung und gerade das Fernsehen nicht nur *on air*, sondern zunehmend und nachhaltig *off air* (vgl. Reichertz 2006: 240f.).

Es ist mit diesen wenigen Beispielen und in Ergänzung reichhaltiger Alltagserfahrung eines jeden im Gebrauch und Aneignungsprozess von Massenmedien nicht zu leugnen, dass es gerade in hoch industrialisierten Regionen dieser Welt(gesellschaft) starke Medialisierungsprozesse und heteronomische Durchgriffe der Massenmedien auf die zahlreichen anderen Vergesellschaftungsbereiche gibt.[45] Als starke Fassung und Kategorie zur Charakterisierung der spätmodernen Gesellschaftsform taugt die

»Mediengesellschaft« aber erst dann, wenn sich das soziologische Zentralproblem gesellschaftlicher Ordnung an den Massenmedien festmachen lässt und primär von diesem autonomen System abhängt. Es geht bei der Ordnungsfrage um die Limitierung von Handlungs- und Kommunikationsmöglichkeiten, um die Einschränkung von Erwartungen, um die (gewollt-gesollte) Bindung an spezifische Strukturen und kulturelle Werte – sowohl von Seiten der Individuen als auch von Seiten anderer Sozialsysteme. Gesellschaft ist in diesem Sinne immer eine (auch) normativ geprägte »Hintergrunderfüllung« (Gehlen) – und ob dies(e) operativ dominant über die Massenmedien verläuft und zudem andere Varianten und Konkurrenten gesellschaftlicher Selbstbeschreibung stichhaltig übertrifft und ausräumt, ist durchaus noch nicht entschieden, mögen die Massenmedien und ihre Akteure dies vielleicht so beobachten und ihre *illusio* gerne legitimiert sehen.

Die soziologischen wie auch medien- und kommunikationswissenschaftlichen Anschlussstudien und Begriffsreflexionen werden zeigen, wie lange die Konjunktur der »Mediengesellschaft« anhält, in welche sozial- und kulturwissenschaftlichen Theorien sie integriert wird oder wie Gesellschaftstheorien dadurch renoviert werden. Wie von der allgemeinen Soziologie erwartet werden kann, dass sie prognostiziert und beschreibt, welche gesellschaftlichen Strukturänderungen sich zukünftig zwischen Möglichkeit(en) und Wirklichkeit(en) ausprägen und stabilisieren, so bleibt von der Mediensoziologie zu erwarten, dass sie (auch prognostisch) das Neue in bekannten und beharrenden Strukturen identifiziert, den Medienwandel in seinen (r)evolutionären Zeitschichten empirisch und theoretisch erkennt und das allzu schnell Gewohnte medialer Praxis wieder zum Vorschein bringt und ins Bewusstsein hebt.

Die Diagnose der Mediengesellschaft stellt auch und zudem eine Herausforderung für soziologisches Denken dar, hat die soziologische Aufklärung doch längst einen Konkurrenten und ein funktionales Äquivalent mit den Massenmedien und ihren professionellen Beschreibungsagenturen beziehungsweise -akteuren. Weitere Konkurrenz hat die sozialwissenschaftliche Aufklärung durch professionalisierte Expertenkultur und außerakademisches Wissensmanagement bekommen (vgl. Maasen 1997: 63).

Die Beobachtungen und reflektierten Beschreibungen der Gesellschaft, aktueller Umbrüche, kritischer Entwicklungen etc. sind bei weitem keine exklusive Leistung der Soziologie mehr, sondern kommen verstärkt in den verschiedenen, reichweitenstarken Formaten und Sendungen der Massenmedien zum Ausdruck. Die polykontexturalen Selbstbeschreibungen der Gesellschaft hängen am Tropf der Massenmedien, sind abhängig von der Differenzierung, Strukturkomplexität und Spezialisierung dieses Teilsystems. In diesem Sinne ist das diesem Kapitel vorangestellte Luhmann-Zitat (1997: 1097) zu verstehen: »Will man ein Urteil über die Möglichkeiten der Selbstbeschreibung der modernen Gesellschaft gewinnen, muß man vor allem bedenken, daß sie [...] den Eigengesetzlichkeiten der Massenmedien folgt.« Die Massenmedien sind sowohl die (Meta-)Instanz, die regelt, wie und welche Selbstbeschreibung durch ihre Selektionsfilter gesellschaftsweit bekannt und erfolgreich verbreitet wird; als auch die Instanz, die selbst Gesellschaftsbeschreibungen anfertigt, mit Aufmerksamkeitskapital versorgt und breit aussendet.

Vorerst möge jeder Leser für sich entscheiden, welche Beschreibungen der Mediengesellschaft plausibel und erklärungsmächtig sind. Allemal aber findet die Mediensoziologie hier ein Untersuchungsfeld, auf dem sie in zentraler Weise weiter forschen muss und den theoretischen Diskurs mitbestimmen kann. Neue Verhältnisse und offene Fragen – mehr kann man der Mediensoziologie und kann sie sich selbst kaum wünschen.

1　An diesem Urteil ändert sich im Übrigen nichts, wenn einige Liebhaber und Exegeten der soziologischen Klassiker Simmels »Philosophie des Geldes« (1900) als Medientheorie des Geldes rezipieren, an Tönnies' kritische Analysen der Presse und öffentlichen Meinung erinnern oder auf Webers Enquête-Bericht zum Zeitungswesen (1910) verweisen – und diese Texte medientheoretisch überhöhen.

2　Siehe grundlegend und einführend zur Breite und Vielfalt sozialwissenschaftlicher Handlungs- und Kommunikationstheorien: Krallmann/Ziemann (2001).

3　Siehe ähnlich Bauman (2000: 17f.): »Das besondere, spezifische Merkmal der Soziologie besteht in ihrer Tendenz, menschliche Handlungen als *Bestandteile übergreifender Figurationen* zu verstehen, also als Bestandteile einer nicht zufälligen, in einem Netz *gegenseitiger Abhängigkeit* befangenen Gruppe von Handelnden. [...] Die zentrale Frage der Soziologie lautet demnach: Welche Folgen ergeben sich daraus, daß die Menschen bei dem, was sie tun oder tun könnten, von anderen Menschen abhängen; welche Folgen ergeben sich daraus, daß sie stets mit anderen Menschen zusammenleben, mit ihnen kommunizieren und in Austausch, Wettbewerb oder Zusammenarbeit mit ihnen stehen?«

4　Zur beklagenswerten Trägheit einer Soziologie der (Massen-) Medien siehe auch: Müller-Doohm/Neumann-Braun (1991: 8ff.). Zu ersten eigenen Überlegungen einer Mediensoziologie in gesellschaftstheoretischer Absicht: Ziemann (2006a); zur Mediensoziologie vor dem Hintergrund einschlägiger Grundfragen und Grundbegriffe der allgemeinen Soziologie: Jäckel (2005) sowie Funken/Ellrich (2008); zur handlungstheoretischen Ausrichtung von Medienforschung und Mediensoziologie: Sutter/Charlton (2001).

5　Siehe zur Absonderung der Medienwissenschaft aus dem Schoß der Literatur- und der Theaterwissenschaft sowie zu ihrem Selbstverständnis ab den 1970er Jahren den instruktiven Sammelband von: Bohn et al. (1988).

6   Die in Luhmanns späteren Werken prominent wieder ein-
    geführte Unterscheidung von Medium/Form – ursprünglich
    wahrnehmungspsychologisch von Fritz Heider (1926) entwor-
    fen und daneben an Aristoteles', Kants und Simmels *materia/
    form-Dual* erinnernd – wird hier nicht weiter diskutiert, weil
    sie nicht unwesentlich zu konfusen Ausweitungen geführt
    und weder die soziologische Theoriearbeit im Allgemeinen
    noch Luhmanns systemtheoretische Soziologie im Besonde-
    ren vorwärts gebracht hat. Das Ausblenden des Luhmann/
    Heider-Medienbegriffs renoviert auch eigene Ausführun-
    gen, wie ich sie zur Mediensoziologie in Ziemann (2006a)
    präsentiert habe. Wer an einer weiteren Auseinandersetzung
    interessiert ist, dem sei Luhmanns (1997: 198) Definition mit-
    gegeben: »Ein Medium besteht in lose gekoppelten Elemen-
    ten, eine Form fügt dieselben Elemente dagegen zu strikter
    Kopplung zusammen.« Entscheidend ist für jede empirische
    Operationalisierung und Analyse die genaue Angabe der Ele-
    mente, die als Drittes zwischen Medium und Form ›vermit-
    teln‹ und innerhalb der Gesellschaft zirkulieren. Wörter sind
    beispielsweise jene Elemente, die lose gekoppelt Sprache und
    strikt gekoppelt Äußerungen/Sätze bilden und sind.

7   Etabliert hat sich hier die Unterscheidung in Primärmedien,
    die keinen Einsatz von Technik benötigen (z.B. Bote und Pre-
    diger), in Sekundärmedien, die bei der Herstellung Technik
    erfordern (z.B. Buch und Zeitung), in Tertiärmedien, die bei
    der Produktion wie auch Nutzung elektronische Technik be-
    nötigen (z.B. Radio und Fernsehen), und in Quartärmedien,
    für die das dritte Kriterium auf computerbasierte, vernetzte
    Telematik ausgeweitet wird. Siehe im Anschluss an Harry
    Pross neuerlich: Faßler (1997: 116f.).

8   So exemplarisch Sandbothe (2003: 195): »Medien sind Werk-
    zeuge, die der Koordination zwischenmenschlichen Handelns
    dienen.« In der Hauptsache plädiert er für einen Definitions-
    ansatz der Familienähnlichkeiten (im Sinne Wittgensteins)
    sowie für eine pragmatistische Tradition, die den Werkzeug-
    charakter betont. Oder Vogel (2001: 164): »Jedes Medium
    stellt eine spezifische Menge von Verhaltensmöglichkeiten

dar, die sich Handelnden bieten« und »die nicht notwendig von der individuierenden Kraft der Sprache abhängen.«

9   Siehe zum Verhältnis von Zivilisation, Architektur und Disziplinierung die großartigen soziologischen Studien von Norbert Elias (1990).

10 Für Manuel Castells (2001: 7ff. und dort mit weiteren Forschungsreferenzen) kommt bei der technologischen Stagnation in China dem Staatsapparat eine entscheidende Rolle zu.

11 Siehe exemplarisch zur Mediengeschichte: Hörisch (2001), Schanze (2001) und Stöber (2003a, 2003b); und für den Kontext medialer Historiografie seien die gesellschaftstheoretisch sensiblen Sammelbände von Knoch/Morat (2003) und Crivellari et al. (2004) empfohlen.

12 Zur (Geistes-)Geschichte der Technik, die gegen eine chronistische Methode und gegen ein Fortschrittsapriori argumentiert und sich stattdessen dem Theorieprimat und der Denkstruktur des Technischen ebenso verpflichtet sieht wie einer multikausalen, dialektischen Geschichtserklärung: Blumenberg (2009).

13 Eine aktuelle Entwicklung ist auf der Basis digitaler Netzwerkmedientechnologien die TIMES-Konvergenz: die Verschränkung von Telecommunication, Information, Media, Entertainment und Security (vgl. Karmasin/Winter 2006).

14 Zur Geschichte und Geschichtstechnologie der Post – im Spiegel der Literatur: Siegert (1993).

15 Weil die gesellschaftliche Nutzung die Technologie und Konfiguration eines Mediums nachhaltig mitbestimmt, lässt sich im Übrigen nur schwerlich ein medientechnisches Apriori, ein Technikdeterminismus vertreten. Wir sprechen deshalb von einer Wechselwirkungsdynamik zwischen Medien und Gesellschaft und plädieren für das Prinzip der Co-Evolution. Zur ausführlichen Diskussion siehe etwa: Spreen (1998) und Hickethier (2003).

16 Zum krisenbedingten Lernprozess im Umgang mit dem Computer (und einer daraus ableitbaren Mediensoziologie des Maschinen-Ekels): Ellrich (2000).

17 Siehe zur praxeologischen Analyse des Zusammenhangs von Medientransformationen und verschiedenen Subjektcharakteren: Reckwitz (2006).

18 Die *promedialistische* Position begrüßt demgegenüber die mit Schrift verbundene kognitive Entlastung und sieht darin die Möglichkeit, neue Kreativität walten zu lassen. In weiterer positiver Hinsicht schafft die Schrift eine konzentrierte Informations- und Urteilsmöglichkeit für alle Interessierten und Lesekundigen unabhängig von raum-zeitlichen Koordinaten. Erinnert sei hier an den legendären technikoptimistischen Text von Vannevar Bush (1945) und sein visionäres Verfahren der komprimierten Textspeicherung, assoziativen Textverknüpfung und (akademischen) Medienkommunikation mittels des Memex-Apparates.

19 Siehe zur Medienkritik am Buchdruck: Giesecke (1991: 168ff.); und exemplarisch für das Internet: Slouka (1995).

20 Ihr Kapitel zur Kulturindustrie haben Horkheimer und Adorno selbst so eingeführt: »Der Abschnitt ›Kulturindustrie‹ zeigt die Regression der Aufklärung an der Ideologie, die in Film und Radio ihren maßgebenden Ausdruck findet. Aufklärung besteht dabei vor allem im Kalkül der Wirkung und der Technik von Herstellung und Verbreitung; ihrem eigentlichen Gehalt nach erschöpft sich die Ideologie in der Vergötzung des Daseienden und der Macht, von der die Technik kontrolliert wird. Bei der Behandlung dieses Widerspruchs wird die Kulturindustrie ernster genommen, als sie es von sich aus möchte. Aber da ihre Berufung auf den eigenen kommerziellen Charakter, das Bekenntnis zur gemilderten Wahrheit, längst zu einer Ausrede geworden ist, mit der sie sich der Verantwortung für die Lüge entzieht, so hält unsere Analyse sich an den objektiv den Produkten innewohnenden Anspruch, ästhetische Gebilde und damit gestaltete Wahrheit zu sein. Sie erweist das gesellschaftliche Unwesen an der Nichtigkeit jenes Anspruchs. Mehr noch als die anderen Abschnitte ist der über Kulturindustrie fragmentarisch.« (Horkheimer/Adorno 1981: 16f.)

21 Zur massenkulturellen Verschmelzung von Schauspielerei, Bild, Ton, Text und Musik im Film sowie zu den verschiede-

nen Funktionen der Musik(kompositionen) im Film hat Adorno zusammen mit Hanns Eisler eine ausführliche Studie (vgl.
1997) geschrieben. Eine Kernthese von »Komposition für den
Film« ist, dass Reklame nicht nur das Herz der Kulturindustrie bildet, sondern wirkungsmächtig auch die Formensprache
und Kollektivfunktion der Filmmusik beeinflusst.

22 Unter den heutigen Vorzeichen der Illusion von Vollbeschäf-
tigung ließe sich diskutieren, ob sich das Verhältnis nicht um-
gedreht hat: Arbeit ist die Verlängerung der Kulturindustrie.

23 »Die Heroisierung des Durchschnittlichen gehört zum Kultus des Billigen. [...] Der herrschende Geschmack bezieht sein
Ideal von der Reklame, der Gebrauchsschönheit. So hat sich
das Sokratische Wort, das Schöne sei das Brauchbare, am
Ende ironisch erfüllt.« (Horkheimer/Adorno 1981: 179)

24 »1. Obwohl wir in Wahrheit in einer entfremdeten Welt leben, wird uns die Welt so dargeboten, als ob sie für uns da
wäre, als ob sie unsere wäre und unseresgleichen. 2. Als solche ›nehmen‹ (= betrachten und akzeptieren) wir sie, obwohl
wir zu Hause im Fauteuil sitzen; d.h. obwohl wir sie nicht
effektiv, wie das ›fressende Tier‹ oder der Eroberer, nehmen
und sie nicht effektiv zu unserer machen oder machen können; jedenfalls nicht wir, die durchschnittlichen Radio- und
Fernseh-Konsumenten. Vielmehr ›nehmen‹ wir sie so, weil
sie uns so in Form von Bildern serviert wird. Dadurch werden
wir zu voyeurhaften Herrschern über Weltphantome.« (Anders 1987: 116)

25 Ganz ähnlich hat 15 Jahre zuvor bereits Neil Postman Kritik
an den US-amerikanischen Nachrichten-Shows geübt. Deren Art, Nachrichten zu strukturieren und zu präsentieren,
hat zwei bedeutsame Auswirkungen: »Erstens macht sie es
schwierig, sich über ein Ereignis Gedanken zu machen; zweitens macht sie es schwierig, gegenüber einem Ereignis Gefühle zu entwickeln.« (Postman 1983: 121f.) Und er schreibt
weiter (ebd.: 122f.): »Entscheidend ist natürlich, daß Ereignisse im Fernsehen jeglichen historischen oder sonstigen
Zusammenhangs beraubt sind und derartig rasch und zer-
stückelt aufeinander folgen, daß sie über unser Bewußtsein
hinwegfluten – [...] die Erregung, die eine Fernsehnachrich-

ten-Show auslöst, ist vor allem eine Funktion ihres Tempos, nicht ihrer Substanz, d.h. Erregung über die Bewegung von Informationen, nicht über ihre Bedeutung.«

26 »Die Journalisten (genauer gesagt: das journalistische Feld) verdanken ihre Bedeutung in der sozialen Welt dem Umstand, daß sie ein faktisches Monopol über die Instrumente zur Herstellung und Verbreitung von Informationen auf nationaler Ebene innehaben, und vermittels dieser Instrumente ein Monopol über den Zugang einfacher Bürger, aber auch anderer Kulturproduzenten – Wissenschaftler, Künstler, Schriftsteller – zu dem, was man manchmal ›Öffentlichkeit‹ nennt, das heißt zum breiten Publikum.« (Bourdieu 1998: 65)

27 »Unter dem Druck der Konkurrenz gehen sie dorthin, wo auch ihre Kollegen hingehen. Ein Fernsehjournalist erzählt: ›Wenn das bei einer anderen Fernsehstation einschlägt wie eine Bombe, dann sagt ihnen der Chefredakteur: Was hängen Sie herum, dort müssen sie hin.‹ [...] Die Konkurrenz treibt jeden dazu, den andern zu überbieten, bis zur Unwahrheit.« (Bourdieu et al. 1997: 80)

28 Ähnlich hat bereits Max Weber (1988: 434ff.), der bekanntlich für Bourdieu eine zentrale Bezugsgröße darstellt, für den Zeitungsjournalismus und die redaktionelle Selektion gefragt: Was macht die Zeitung publik –und was nicht? Welche Interessen und Bedürfnisse der Abonnenten und Leser einerseits und der Inserenten andererseits bedient sie – und welche nicht? Wer schreibt in und für die Zeitungen – und wer was warum nicht?

29 Typisch macht sich jeder Moderator »zum Anwalt des Publikums: ›Ich unterbreche Sie, ich verstehe nicht, was Sie meinen.‹ Er will damit nicht sagen, daß er ein Idiot ist, er will sagen, daß der Durchschnittszuschauer, der zwangsläufig ein Idiot ist, nichts versteht und daß er selbst sich zum Sprecher der ›Dummköpfe‹ macht, um eine intelligente Darbietung zu unterbrechen. Dabei sind, wie ich feststellen konnte, die Leute, in deren Namen er sich diese Zensorenrolle herausnimmt, über die Unterbrechungen am aufgebrachtesten.« (Bourdieu 1998: 45)

30 Durch dieses Zusammenziehen der Unterscheidungen entsteht, so Luhmann (1990: 170f.), »der moderne Begriff der öffentlichen Meinung als des ›heimlichen‹ Souveräns und der
unsichtbaren Gewalt der politischen Gesellschaft. Die öffentliche Meinung wird als Paradox stilisiert, als die unsichtbare
Macht des Sichtbaren, und wird in dieser semantischen Form
zum Abschlußgedanken des politischen Systems.«

31 »Die Mediapolis [...] ist ein durch mediale Vermittlung entste-
hender Erscheinungsraum, in dem die Welt vor uns erscheint
und in ihrer Weltlichkeit konstituiert wird, wobei wir zugleich
etwas von anderen erfahren, die uns gleichen oder nicht. Die
Kommunikationsvorgänge in der Mediapolis bestimmen
unser Bild vom Menschen (und vom Unmenschen) und zunehmend auch das öffentliche und politische Leben auf allen
Ebenen des Gemeinwesens. Die Mediapolis besitzt keinen
spezifischen Ort. [...] Sie bedarf des Nationalstaats nicht und
anscheinend auch nicht der Regulation durch staatliche Institutionen. Sie entsteht in der Interaktion von Menschen innerhalb des medialen Erscheinungsraums, und in diesem orts-
unabhängigen, aber immens sozialen Umfeld reproduziert
sie so etwas wie eine Polis« (Silverstone 2008: 54).

32 Siehe allgemein zu werkgeschichtlichem Aufbau und diversen
Renovierungen von Luhmanns Gesellschaftstheorie: Göbel
(2000), speziell zu Luhmanns konstruktiver Verschränkung
von Kommunikations-, Medien- und Gesellschaftstheorie:
Ziemann (2008), und zum schwierigen Umgang der Gesellschaftstheorie mit den Massenmedien: Göbel (2006).

33 Die gesellschaftlich durchgesetzte Verbreitungstechnologie
hat schließlich entscheidende Konsequenzen in sozialer Hinsicht. »Durch die Unterbrechung des unmittelbaren Kontak-
tes sind einerseits hohe Freiheitsgrade der Kommunikation
gesichert. Dadurch entsteht ein Überschuß an Kommunikationsmöglichkeiten, der nur noch systemintern durch Selbst-
organisation und durch eigene Realitätskonstruktionen kontrolliert werden kann. Andererseits sind zwei Selektoren am
Werk: die Sendebereitschaft und das Einschaltinteresse, die
zentral nicht koordiniert werden können. Die Organisationen, die die Kommunikation der Massenmedien produzie-

ren, sind auf Vermutungen über Zumutbarkeit und Akzeptanz angewiesen. Das führt zur Standardisierung, aber auch zur Differenzierung ihrer Programme, jedenfalls zu einer nicht individuengerechten Vereinheitlichung.« (Luhmann 1996: 11f.)

34 »Die höhere Amoralität der Funktionscodes wird von der Moral selbst anerkannt; aber daraus folgt auch der Verzicht auf die Vorstellung einer moralischen Integration der Gesellschaft. Die Moral konzentriert ihre Aufmerksamkeit auf die Pathologien, die sich aus der Verhaltensunwahrscheinlichkeit gesellschaftsstruktureller Vorgaben ergeben und laufend reproduziert werden. Abstrakter gesagt: die Moral stellt sich auf die polykontexturale Form der Selbstbeobachtung der Gesellschaft ein und bietet selbst ihren Code nur als eine Kontextur unter anderen an.« (Luhmann 1997: 1043)

35 Siehe dazu Hirschman (1984: 136f.): »Korruption läßt sich [...] als Reaktion auf einen Präferenzwandel verstehen: Ein abnehmender Befriedigungswert der öffentlichen Aufgabe selbst wird durch Annahme materieller Vorteile kompensiert. [...] In der Tat waren ja politische Macht und öffentliches Amt lange Zeit der einzige oder doch der lohnendste Weg zu privatem Wohlstand; unter solchen Umständen wartet man natürlich nicht ab, bis man von seinen Aufgaben enttäuscht ist, ehe man ein oder auch zwei Schäfchen ins trockene bringt. Private Bereicherung und das Gefühl, dem Allgemeinwohl zu dienen, können hier nebeneinander bestehen, so daß die Praxis dessen, was wir heute Korruption nennen, den Befriedigungswert des ›Dienstes am Gemeinwohl‹ nicht paralysieren, sondern vielmehr angenehm ergänzen würde.«

36 Idealtypisch durchläuft die Berichterstattung eines Skandals fünf Phasen (vgl. Hondrich 2002). Zuerst muss jemand ein verwerfliches, unerwartetes Verhalten betreiben. Zweitens muss jemand auf dieses Verhalten aufmerksam werden, es entdecken oder enthüllen und als moralische Verfehlung qualifizieren. Damit einher geht die dritte Phase der Empörung und Entrüstung. Viertens wird versucht, die moralische Entrüstung auf Dauer zu stellen, indem sie im journalistischen Verbund zu einer kollektiven Entrüstung wird. Und fünftens,

aber nicht zwingend, folgen aus dem Skandalbericht und der kollektiven moralischen Entrüstung adäquate Sanktionen, die typisch juristischer Natur sind. Weiterführend zur (Medien-) Logik des Skandals: Burkhardt (2006) und Ziemann (2011: 253-265).

37 Ergänzend wären noch *ethnomethodologische* (vgl. Holly/ Püschel 1993) oder *hermeneutisch wissenssoziologische* (vgl. Keppler 1994; Reichertz 2000) Studien zu nennen.

38 Jede Daily Soap ist von der Dramaturgie her wie auch für das Zuschauererleben nichts anderes als »an interminable exploration of the contingencies to be met with in ›home life‹ [and ›everyday life‹]« – erkannten bereits Horton/Wohl (1956: 222).

39 Zu ergänzen sind die Möglichkeiten der Meinungsäußerung, Selbstinszenierung oder etwa partnerschaftlichen Beziehungspflege durch Fernsehauftritte (in Talk-, Ratgeber-, Game-Shows), Printmedien (Leserbriefe, Anzeigen, Fotoauftritte), Teilnahme an Rundfunksendungen, Gestaltung einer eigenen Internetpräsenz, Beteiligung an Chat-Foren oder Schreiben und Verbreiten seines Weblogs.

40 In der Lesart der Hollywood-Blockbuster »Top Gun« und »Independence Day« als ›politischen‹ Unterhaltungswelten und mit Rekurs auf Richard Dyer erläutert Dörner (2001: 66), dass eben dort Unterhaltung bestens funktioniert, weil »die Gefühlsqualitäten utopischer Unterhaltungserlebnisse auf ganz bestimmte Entbehrungen und Probleme in der realen Welt bezogen sind. [...] Die entsprechenden Gefühlsqualitäten sind: Überfluß im Gegensatz zu realer Knappheit, Energie im Gegensatz zur realen Verbrauchtheit und Schwäche, Intensität im Gegensatz zu Langeweile und Monotonie, Transparenz und Spontaneität im Gegensatz zu Manipulation und Täuschung, Gemeinschaft im Gegensatz zur Fragmentierung der realen Alltagswelt. Unterhaltung als politische Kommunikation bedeutet also, daß das Politische im Modus unterhaltungsfreundlicher Als-Ob-Welten erfahren und verarbeitet wird. Diesen Welten eignet zugleich das Potential eines utopischen Emotionsmanagements, das uns fühlen läßt: Die

politische Welt kann auch anders sein, nämlich intensiv, energiegeladen, transparent und gemeinschaftlich.«

41 Gleichwohl ist in einem Verbund aus soziologischen, anthropologischen und technikphilosophischen Perspektiven zu diskutieren, dass/wie die bisherige Kohärenz von visueller Wahrnehmung und taktiler Reaktion durch Computergeräte dekonstruiert und umgeformt wird, dass/wie das Internet vermittelnde und nutzbarmachende Geräte die souveräne, intentionale Handlungsmacht ihrer User dezentralisieren, dass/wie uns solche digitalen, vernetzten *agencies* führen und (mit andauernden Feedbackmechanismen) kontrollieren und dass/wie schlussendlich alle ubiquitären Computermedien unsere sinnliche, kognitive und praktische Erlebensdimensionen und Handlungsmacht besetzen – ja teils ersetzen, teils aber auch steigern. Das erforderte nicht weniger als eine Neuausrichtung der bisherigen Ideen und Erklärungen von Kausalität und Intentionalität menschlichen Handelns unter spätmodernen medialen Bedingungen. Nicht unbedingt lässt sich nämlich nur nach der einen Richtung darauf beharren, dass wir immerfort eine bessere praktische Angepasstheit des Technischen und Medialen für uns verfolgen und erfinden. Nach der anderen Richtung fordert nicht selten die Medientechnik selbst unsere bereitwillige Subjektion und bessere Angepasstheit.

42 Zur literarischen Ausdeutung (der Kulturtechnik) des Surfens und Navigierens: Bickenbach/Maye (2009).

43 In standardisierter Weise operiert die seit 1997 etablierte ARD/ZDF-Onlinestudie mit folgender User-Typologie, die im Jahre 2011 über 73 Prozent der deutschen Bevölkerung umgreift: Junge Hyperaktive, Junge Flaneure, E-Consumer, Routinierte Infonutzer, Selektivnutzer, Randnutzer. Siehe dazu, fortlaufend aktualisiert: www.ard-zdf-onlinestudie.de. Zum internationalen, alle fünf Kontinente umgreifenden Vergleich siehe: www.worldinternetproject.net.

44 Dieses Argument leuchtet im Übrigen am wenigsten ein, spricht es doch für ein, seit Marx bekanntes, gesellschaftliches Primat der Ökonomie und verbleibt mithin im (Selbst-)Beschreibungsrahmen der spätkapitalistischen Gesellschaft.

Einschlägige Beispiele der massenmedialen Abhängigkeit von der Ökonomie gibt es reichlich, genannt seien zwei: (1) Der dramatische Rückgang von Werbeeinnahmen in den Jahren nach 2001 führte zur Entlassung von Journalisten und Redakteuren und diverse Zeitungsverlage sowie andere Medienunternehmen an den Rand der oder in die Insolvenz. (2) Die (beklagenswerte) Zunahme von Call-In-Quizsendungen bei den privaten Fernsehanstalten (9LIVE, Viva oder etwa DSF) untersteht ausschließlich der ökonomischen Profitlogik, bringt dies doch schnellen und leichten Unternehmensgewinn gegenüber kostspieligen, aufwändig zu produzierenden Unterhaltungsshowprogrammen und Fernsehfilmen oder gegenüber teuren Sportübertragungsrechten und (Hollywood-)Spielfilmlizenzen.

45 Denkbar sowie faktisch beobachtbar sind allerdings auch einige Gegenperspektiven und -tendenzen. (1) Der These, dass Radio, Presse und Fernsehen als weltweit einheitliche Integrationsmedien wirken, lässt sich entgegnen, dass die Auswahl berichtenswerter Ereignisse durch die wechselseitige Beobachtung national agierender Journalisten strukturiert wird und durch lokale Redaktionen limitiert wird. (2) Je mehr alle Massenmedien ein gemeinsames Ziel anstreben, eine gleiche Informiertheit über dasselbe herzustellen, umso weniger wird dies erreicht, wenn parallel eine immer stärkere individuelle Rezeptionsselektion erfolgt und sich immer weniger gleich informieren und unterhalten (lassen wollen) – und dies wiederum zurückwirkt auf die Binnendifferenzierung der Massenmedien. Kurz: Medienvielfalt und Spartendiversifizierung machen Synchronisierung und Sozialintegration eher unwahrscheinlich. (3) Einerseits sprechen viele Autoren der gegenwärtig neuen Medienkultur ein visuelles Primat zu, das unbestritten vom Fernsehen und von der Film- wie auch Computerspielindustrie unterstützt und forciert wird. Andererseits besteht daneben immer noch die spezifische Text-/Buchkultur, durch die sich Wissenschaft, Belletristik und beispielsweise intellektuelle Praxis reproduzieren. Man kann also nicht umstandslos die eine Kultur gegen die andere ausspielen – oder gar ideologisch verschärfen im Sinne der

Unterscheidung von Hoch- versus Massenkultur und neuerdings im Sinne von bildungsbürgerlicher Lesekultur versus Unterschichtenfernsehen.

Adorno, Theodor W. (1997): »Résumé über Kulturindustrie (1963)«. In: ders.: *Gesammelte Schriften 10-1. Kulturkritik und Gesellschaft I.* Frankfurt a.M.: Suhrkamp, S. 337-345.

Adorno, Theodor W. (1997a): »Eingriffe. Neun kritische Modelle (1962)«. In: ders.: *Gesammelte Schriften 10-2. Kulturkritik und Gesellschaft II.* Frankfurt a.M.: Suhrkamp, S. 455-458.

Adorno, Theodor W. (1997b): »Prolog zum Fernsehen (1953)«. In: ders.: *Gesammelte Schriften 10-2. Kulturkritik und Gesellschaft II.* Frankfurt a.M.: Suhrkamp, S. 507-517.

Adorno, Theodor W. (1997c): »Fernsehen als Ideologie (1953)«. In: ders.: *Gesammelte Schriften 10-2. Kulturkritik und Gesellschaft II.* Frankfurt a.M.: Suhrkamp, S. 518-532.

Adorno, Theodor W. (1997d): »Freizeit (1969)«. In: ders.: *Gesammelte Schriften 10-2. Kulturkritik und Gesellschaft II.* Frankfurt a.M.: Suhrkamp, S. 645-655.

Adorno, Theodor W. (1997e): »Ästhetische Theorie«. In: ders.: *Gesammelte Schriften 7.* Frankfurt a.M.: Suhrkamp, S. 7-387.

Adorno, Theodor W./Eisler, Hanns (1997): »Komposition für den Film (1944)«. In: Adorno, Theodor W.: *Gesammelte Schriften 15.* Frankfurt a.M.: Suhrkamp, S. 7-155.

Altheide, David L./Snow, Robert P. (1988): »Toward a Theory of Mediation«. In: Anderson, James A. (Hg.): *Communication Yearbook, Vol. 11.* Newbury Park, Cal.: Sage, S. 194-223.

Altmeppen, Klaus-Dieter/Karmasin, Matthias (2003): »Medienökonomie als transdisziplinäres Lehr- und Forschungsprogramm«. In: dies. (Hg.): *Medien und Ökonomie. Band 1/1.* Wiesbaden: Westdeutscher Verlag, S. 19-51.

Anders, Günther (1987): *Die Antiquiertheit des Menschen. Band 1. Über die Seele im Zeitalter der zweiten industriellen Revolution.* München: Beck.

Ang, Ien (1990): »Culture and Communication. Towards an Ethnographic Critique of Media Consumption in the Transnational Media System«. In: *European Journal of Communication* 5/2-3, S. 239-260.

Ang, Ien (1996): *Living Room Wars. Rethinking Media Audiences for a Postmodern World.* London; New York: Routledge.

Arnold, Klaus et al. (Hg.) (2010): *Von der Politisierung der Medien zur Medialisierung des Politischen? Zum Verhältnis von Medien, Öffentlichkeiten und Politik im 20. Jahrhundert.* Leipzig: Universitätsverlag.

Baecker, Dirk (1996): »Oszillierende Öffentlichkeit«. In: Maresch, Rudolf (Hg.): *Medien und Öffentlichkeit. Positionierungen, Symptome, Simulationsbrüche.* München: Boer, S. 89-107.

Bauman, Zygmunt (2000): *Vom Nutzen der Soziologie.* Frankfurt a.M.: Suhrkamp.

Beck, Ulrich (1986): *Risikogesellschaft. Auf dem Weg in eine andere Moderne.* Frankfurt a.M.: Suhrkamp.

Benjamin, Walter (1977): »Das Kunstwerk im Zeitalter seiner technischen Reproduzierbarkeit (1936)«. In: ders.: *Illuminationen. Ausgewählte Schriften I.* Frankfurt a.M.: Suhrkamp, S. 136-169.

Bickenbach, Matthias (2004): »Medienevolution – Begriff oder Metapher? Überlegungen zur Form der Mediengeschichte«. In: Crivellari, Fabio et al. (Hg.): *Die Medien der Geschichte. Historizität und Medialität in interdisziplinärer Perspektive.* Konstanz: UVK, S. 109-136.

Bickenbach, Matthias/Maye, Harun (2009): *Metapher Internet. Literarische Bildung und Surfen.* Berlin: Kadmos.

Blumenberg, Hans (2009): *Geistesgeschichte der Technik.* Frankfurt a.M.: Suhrkamp.

Blumler, Jay G./Katz, Elihu (Hg.) (1974): *The Uses of Mass Communications. Current Perspectives on Gratifications Research.* Beverly Hills, Cal.: Sage.

Bohn, Rainer et al. (Hg.) (1988): *Ansichten einer künftigen Medienwissenschaft.* Berlin: Edition Sigma.

Bourdieu, Pierre (1989): *Satz und Gegensatz. Über die Verantwortung des Intellektuellen.* Berlin: Wagenbach.

Bourdieu, Pierre (1998): *Über das Fernsehen.* Frankfurt a.M.: Suhrkamp.

Bourdieu, Pierre et al. (1997): *Das Elend der Welt. Zeugnisse und Diagnosen alltäglichen Leidens an der Gesellschaft.* Konstanz: UVK.

boyd, danah/Ellison, Nicole (2007): »Social Network Sites: Definition, History, and Scholarship«. In: *Journal of Computer-Medi-*

ated Communication 13/1, S. 1-17 (http://jcmc.indiana.edu/vol13/issue1/boyd.ellison.html; aufgerufen am 20.10.2011).

Burkhardt, Steffen (2006): *Medienskandale. Zur moralischen Sprengkraft öffentlicher Diskurse.* Köln: von Halem.

Bush, Vannevar (1945): »As We May Think«. In: *The Atlantic Monthly* 176/1, S. 101-108.

Castells, Manuel (2001): *Der Aufstieg der Netzwerkgesellschaft. Das Informationszeitalter 1.* Opladen: Leske & Budrich.

Castells, Manuel (2005): *Die Internet-Galaxie. Internet, Wirtschaft und Gesellschaft.* Wiesbaden: VS Verlag für Sozialwissenschaften.

Charlton, Michael (1997): »Rezeptionsforschung als Aufgabe einer interdisziplinären Medienwissenschaft«. In: ders./Schneider, Silvia (Hg.): *Rezeptionsforschung. Theorien und Untersuchungen zum Umgang mit Massenmedien.* Opladen: Westdeutscher Verlag, S. 16-39.

Charlton, Michael/Neumann, Klaus (1986): *Medienkonsum und Lebensbewältigung in der Familie. Methode und Ergebnisse der strukturanalytischen Rezeptionsforschung – mit fünf Falldarstellungen.* München; Weinheim: Psychologie Verlags-Union.

Charlton, Michael/Neumann, Klaus (1990): *Medienrezeption und Identitätsbildung. Kulturpsychologische und kultursoziologische Befunde zum Gebrauch von Massenmedien im Vorschulalter.* Tübingen: Narr.

Charlton, Michael/Neumann-Braun, Klaus (1992): *Medienkindheit – Medienjugend. Eine Einführung in die aktuelle kommunikationswissenschaftliche Forschung.* München: Quintessenz.

Clausen, Detlev (1990): »Fortsetzen: Die Aktualität der Kulturindustriekritik Adornos«. In: Hager, Frithjof/Pfütze, Hermann (Hg.): *Das unerhört Moderne. Berliner Adorno-Tagung.* Lüneburg: zu Klampen, S. 134-150.

Crivellari, Fabio et al. (Hg.) (2004): *Die Medien der Geschichte. Historizität und Medialität in interdisziplinärer Perspektive.* Konstanz: UVK.

Dayan, Daniel/Katz, Elihu (1992): *Media Events. The Live Broadcasting of History.* Cambridge, Mass.: Harvard University Press.

Dörner, Andreas (2001): *Politainment. Politik in der medialen Erlebnisgesellschaft.* Frankfurt a.M.: Suhrkamp.

Döveling, Katrin (2005): *Emotionen – Medien – Gemeinschaft. Eine kommunikationssoziologische Analyse.* Wiesbaden: VS Verlag für Sozialwissenschaften.

Dux, Günter (2001): »Das Recht als Problem der Gesellschaft. Demokratie im Sozialstaat«. In: ders./Welz, Frank (Hg.): *Moral und Recht im Diskurs der Moderne. Zur Legitimation gesellschaftlicher Ordnung.* Opladen: Leske & Budrich, S. 399-433.

Elias, Norbert (1990): *Über den Prozeß der Zivilisation. Soziogenetische und psychogenetische Untersuchungen. 2 Bände.* Frankfurt a.M.: Suhrkamp.

Ellrich, Lutz (2000): »Der verworfene Computer. Überlegungen zur personalen Identität im Zeitalter der elektronischen Medien«. In: Becker, Barbara/Schneider, Irmela (Hg.): *Was vom Körper übrig bleibt. Körperlichkeit – Identität – Medien.* Frankfurt a.M.; New York: Campus, S. 71-101.

Esposito, Elena (2002): *Soziales Vergessen. Formen und Medien des Gedächtnisses der Gesellschaft.* Frankfurt a.M.: Suhrkamp.

Etzioni, Amitai (1997): *Die Verantwortungsgesellschaft. Individualismus und Moral in der heutigen Demokratie.* Frankfurt a.M.; New York: Campus.

Faßler, Manfred (1997): *Was ist Kommunikation?* München: Fink.

Fiske, John (1987): *Television Culture.* London: Methuen.

Fleck, Ludwik (1980): *Entstehung und Entwicklung einer wissenschaftlichen Tatsache. Einführung in die Lehre vom Denkstil und Denkkollektiv.* Frankfurt a.M.: Suhrkamp.

Flusser, Vilém (1991): *Gesten. Versuch einer Phänomenologie.* Bensheim: Bollmann.

Franck, Georg (1989): »Die neue Währung: Aufmerksamkeit. Zum Einfluß der Hochtechnik auf Zeit und Geld«. In: *Merkur* 43/8, S. 688-701.

Franck, Georg (1998): *Ökonomie der Aufmerksamkeit. Ein Entwurf.* München; Wien: Hanser.

Freud, Sigmund (1999): »Eine Schwierigkeit der Psychoanalyse«. In: ders.: *Gesammelte Werke XII.* Frankfurt a.M.: Fischer, S. 1-12.

Früh, Werner/Stiehler, Hans-Jörg (Hg.) (2003): *Theorie der Unterhaltung. Ein interdisziplinärer Diskurs.* Köln: von Halem.

Funken, Christiane/Ellrich, Lutz (2008): »Kommunikation & Medien«. In: Baur, Nina et al. (Hg.): *Handbuch Soziologie*. Wiesbaden: Verlag für Sozialwissenschaften, S. 219-236.

Galtung, Johan/Ruge, Mari Holmboe (1965): »The Structure of Foreign News«. In: *Journal of Peace Research* 2/1, S. 64-91.

Gerhards, Jürgen (1994): »Politische Öffentlichkeit. Ein system- und akteurstheoretischer Bestimmungsversuch«. In: Neidhardt, Friedhelm (Hg.): *Öffentlichkeit, öffentliche Meinung, soziale Bewegungen*. Opladen: Westdeutscher Verlag, S. 77-105.

Gerhards, Jürgen/Neidhardt, Friedhelm (1990): *Strukturen und Funktionen moderner Öffentlichkeit. Fragestellungen und Ansätze. Discussion Paper FS III 90-101*. Berlin: WZB.

Giesecke, Michael (1991): *Der Buchdruck in der frühen Neuzeit. Eine historische Fallstudie über die Durchsetzung neuer Informations- und Kommunikationstechnologien*. Frankfurt a.M.: Suhrkamp.

Göbel, Andreas (2000): *Theoriegenese als Problemgenese. Eine problemgeschichtliche Rekonstruktion der soziologischen Systemtheorie Niklas Luhmanns*. Konstanz: UVK.

Göbel, Andreas (2006): »Der ›Heilige Geist des Systems‹? Gesellschaftstheoretische Bemerkungen zum System der Massenmedien«. In: Ziemann, Andreas (Hg.): *Medien der Gesellschaft – Gesellschaft der Medien*. Konstanz: UVK, S. 111-139.

Grossberg, Lawrence (1999): »Zur Verortung der Populärkultur«. In: Bromley, Roger et al. (Hg.): *Cultural Studies. Grundlagentexte zur Einführung*. Lüneburg: zu Klampen, S. 215-236.

Habermas, Jürgen (1990): *Strukturwandel der Öffentlichkeit. Untersuchungen zu einer Kategorie der bürgerlichen Gesellschaft. Ergänzt um ein Vorwort zur Neuauflage*. Frankfurt a.M.: Suhrkamp.

Hall, Stuart (1980): »Encoding/Decoding«. In: ders. et al. (Hg.): *Culture, Media, Language. Working Papers in Cultural Studies (1972-1979)*. London: Routledge, S. 128-138.

Hartmann, Frank (2003): *Mediologie. Ansätze einer Medientheorie der Kulturwissenschaften*. Wien: Wiener Universitätsverlag.

Hartmann, Tilo (2010): *Parasoziale Interaktion und Beziehungen*. Baden-Baden: Nomos.

Heider, Fritz (1926): »Ding und Medium«. In: *Symposion* 1/2, S. 109-157.

Hickethier, Knut (2002): »Katastrophenmelder, Skandalisierungsinstrument und Normalisierungsagentur. Die Risiken und die Medien«. In: *Ästhetik & Kommunikation* 33/116, S. 41-46.

Hickethier, Knut (2003): »Gibt es ein medientechnisches Apriori? Technikdeterminismus und Medienkonfiguration in historischen Prozessen«. In: Behmer, Markus et al. (Hg.): *Medienentwicklung und gesellschaftlicher Wandel. Beiträge zu einer theoretischen und empirischen Herausforderung.* Wiesbaden: Westdeutscher Verlag, S. 39-52.

Hirschman, Albert O. (1984): *Engagement und Enttäuschung. Über das Schwanken der Bürger zwischen Privatwohl und Gemeinwohl.* Frankfurt a.M.: Suhrkamp.

Hitzler, Ronald (2002): »Trivialhedonismus? Eine Gesellschaft auf dem Weg in die Spaßkultur«. In: Göttlich, Udo et al. (Hg.): *Populäre Kultur als repräsentative Kultur. Die Herausforderung der Cultural Studies.* Köln: von Halem, S. 244-258.

Hoffmann, Stefan (2002): *Geschichte des Medienbegriffs.* Hamburg: Meiner.

Holly, Werner/Püschel, Ulrich (Hg.) (1993): *Medienrezeption als Aneignung.* Opladen: Westdeutscher Verlag.

Hölscher, Lucian (1979): *Öffentlichkeit und Geheimnis. Eine begriffsgeschichtliche Untersuchung zur Entstehung der Öffentlichkeit in der frühen Neuzeit.* Stuttgart: Klett-Cotta.

Hondrich, Karl Otto (2002): *Enthüllung und Entrüstung. Eine Phänomenologie des politischen Skandals.* Frankfurt a.M.: Suhrkamp.

Hörisch, Jochen (2001): *Der Sinn und die Sinne. Eine Geschichte der Medien.* Frankfurt a.M.: Eichborn.

Horkheimer, Max/Adorno, Theodor W. (1981): »Dialektik der Aufklärung. Philosophische Fragmente«. In: Adorno, Theodor W.: *Gesammelte Schriften 3.* Frankfurt a.M.: Suhrkamp.

Horten, Donald/Wohl, R. Richard (1956): »Mass Communication and Para-Social Interaction. Observations on Intimacy at a Distance«. In: *Psychiatry* 19/3, S. 215-229.

Imhof, Kurt et al. (Hg.) (2004): *Mediengesellschaft. Strukturen, Merkmale, Entwicklungsdynamiken.* Wiesbaden: VS Verlag für Sozialwissenschaften.

Jäckel, Michael (2003): »Medienwirtschaftliches Handeln der Rezipienten«. In: Altmeppen, Klaus-Dieter/Karmasin, Matthias

(Hg.): *Medien und Ökonomie. Band 1/2*. Wiesbaden: Westdeutscher Verlag, S. 15-45.

Jäckel, Michael (Hg.) (2005): *Mediensoziologie. Grundfragen und Forschungsfelder*. Wiesbaden: VS Verlag für Sozialwissenschaften.

Jarren, Otfried (1998): »Medien, Mediensystem und politische Öffentlichkeit im Wandel«. In: Sarcinelli, Ulrich (Hg.): *Politikvermittlung und Demokratie in der Mediengesellschaft. Beiträge zur politischen Kommunikationskultur*. Opladen; Wiesbaden: Westdeutscher Verlag, S. 74-94.

Kant, Immanuel (1983): »Beantwortung der Frage: Was ist Aufklärung? (1784)«. In: ders.: *Werke in zehn Bänden. Band 9*. Darmstadt: Wissenschaftliche Buchgesellschaft, S. 51-61.

Karmasin, Matthias/Winter, Carsten (Hg.) (2006): *Konvergenzmanagement und Medienwirtschaft*. München: Fink.

Katz, Elihu/Foulkes, David (1962): »On the Use of the Mass Media as ›Escape‹: Clarification of a Concept«. In: *The Public Opinion Quarterly* 26/3, S. 377-388.

Kausch, Michael (1988): *Kulturindustrie und Populärkultur. Kritische Theorie der Massenmedien*. Frankfurt a.M.: Fischer.

Kellner, Douglas (1992): »Popular culture and the constitution of postmodern identities«. In: Lash, Scott/Friedman, Jonathan (Hg.): *Modernity and Identity*. Oxford: Blackwell, S. 141-177.

Keppler, Angela (1994): *Tischgespräche. Über Formen kommunikativer Vergemeinschaftung am Beispiel der Konversation in Familien*. Frankfurt a.M.: Suhrkamp.

Keppler, Angela (2000): »Verschränkte Gegenwarten. Medien- und Kommunikationssoziologie als Untersuchung kultureller Transformationen«. In: Münch, Richard et al. (Hg.): *Soziologie 2000. Kritische Bestandsaufnahme zu einer Soziologie für das 21. Jahrhundert*. München: Oldenbourg, S. 140-152.

Kittler, Friedrich A. (2002): *Optische Medien. Berliner Vorlesung 1999*. Berlin: Merve.

Kneer, Georg et al. (Hg.) (1997): *Soziologische Gesellschaftsbegriffe. Konzepte moderner Zeitdiagnosen*. München: Fink.

Knoch, Habbo/Morat, Daniel (Hg.) (2003): *Kommunikation als Beobachtung. Medienwandel und Gesellschaftsbilder 1880-1960*. München: Fink.

Kohring, Matthias (2006): »Öffentlichkeit als Funktionssystem der modernen Gesellschaft. Zur Motivationskraft von Mehrsystemzugehörigkeit«. In: Ziemann, Andreas (Hg.): *Medien der Gesellschaft – Gesellschaft der Medien*. Konstanz: UVK, S. 161-181.

Krallmann, Dieter et al. (1997): »Werbung als kommunikative Gattung«. In: *Sociologia Internationalis* 35/2, S. 195-216.

Krallmann, Dieter/Ziemann, Andreas (2001): *Grundkurs Kommunikationswissenschaft*. München: Fink.

Kroeber-Riel, Werner/Esch, Franz-Rudolf (2011): *Strategie und Technik der Werbung. Verhaltens- und neurowissenschaftliche Erkenntnisse. 7. aktual. und überarb. Auflage*. Stuttgart: Kohlhammer.

Künzler, Jan (1989): *Medien und Gesellschaft. Die Medienkonzepte von Talcott Parsons, Jürgen Habermas und Niklas Luhmann*. Stuttgart: Enke.

Leistert, Oliver/Röhle, Theo (Hg.) (2011): *Generation Facebook. Über das Leben im Social Net*. Bielefeld: transcript.

Lessig, Lawrence (2008): *Remix. Making Art and Commerce Thrive in the Hybrid Economy*. New York: Penguin Press.

Lévy, Pierre (2001): »Internet und Sinnkrise«. In: Maresch, Rudolf/Rötzer, Florian (Hg.): *Cyberhypes. Möglichkeiten und Grenzen des Internet*. Frankfurt a.M.: Suhrkamp, S. 233-248.

Luhmann, Niklas (1970): »Öffentliche Meinung«. In: *Politische Vierteljahresschrift* 11/1, S. 2-28.

Luhmann, Niklas (1975a): »Die Weltgesellschaft«. In: ders.: *Soziologische Aufklärung 2. Aufsätze zur Theorie der Gesellschaft*. Opladen: Westdeutscher Verlag, S. 51-71.

Luhmann, Niklas (1975b): »Einführende Bemerkungen zu einer Theorie symbolisch generalisierter Kommunikationsmedien«. In: ders.: *Soziologische Aufklärung 2. Aufsätze zur Theorie der Gesellschaft*. Opladen: Westdeutscher Verlag, S. 170-192.

Luhmann, Niklas (1981): »Veränderungen im System gesellschaftlicher Kommunikation und die Massenmedien«. In: ders.: *Soziologische Aufklärung 3. Soziales System, Gesellschaft, Organisation*. Opladen: Westdeutscher Verlag, S. 309-320.

Luhmann, Niklas (1984): *Soziale Systeme. Grundriß einer allgemeinen Theorie*. Frankfurt a.M.: Suhrkamp.

Luhmann, Niklas (1985): »Das Problem der Epochenbildung und die Evolutionstheorie«. In: Gumbrecht, Hans Ulrich/Link-Heer, Ursula (Hg.): *Epochenschwellen und Epochenstrukturen im Diskurs der Literatur- und Sprachhistorie*. Frankfurt a.M.: Suhrkamp, S. 11-33.

Luhmann, Niklas (1990): »Gesellschaftliche Komplexität und öffentliche Meinung«. In: ders.: *Soziologische Aufklärung 5. Konstruktivistische Perspektiven*. Opladen: Westdeutscher Verlag, S. 170-182.

Luhmann, Niklas (1996): *Die Realität der Massenmedien. 2., erweiterte Auflage*. Opladen: Westdeutscher Verlag.

Luhmann, Niklas (1997): *Die Gesellschaft der Gesellschaft. 2 Teilbände*. Frankfurt a.M.: Suhrkamp.

Luhmann, Niklas (1999): »Öffentliche Meinung und Demokratie«. In: Maresch, Rudolf/Werber, Niels (Hg.): *Kommunikation, Medien, Macht*. Frankfurt a.M.: Suhrkamp, S. 19-34.

Maase, Kaspar (1997): *Grenzenloses Vergnügen. Der Aufstieg der Massenkultur 1850-1970*. Frankfurt a.M.: Fischer.

Maasen, Sabine (1999): *Wissenssoziologie*. Bielefeld: transcript.

Maier, Michaela et al. (2010): *Nachrichtenwerttheorie*. Baden-Baden: Nomos.

Marcinkowski, Frank (1993): *Publizistik als autopoietisches System. Politik und Massenmedien. Eine systemtheoretische Analyse*. Opladen: Westdeutscher Verlag.

Meyer, Thomas (1994): *Die Transformation des Politischen*. Frankfurt a.M.: Suhrkamp.

Meyrowitz, Joshua (1985): *No Sense of Place. The Impact of Electronic Media on Social Behavior*. New York; Oxford: Oxford University Press.

Michelis, Daniel/Schildhauer, Thomas (Hg.) (2012): *Social Media Handbuch. Theorien, Methoden, Modelle und Praxis. 2. aktualisierte und erweiterte Auflage*. Baden-Baden: Nomos.

Morley, David (1992): *Television, Audiences and Cultural Studies*. London; New York: Routledge.

Morley, David (1997): »Where the Global Meets the Local: Aufzeichnungen aus dem Wohnzimmer«. In: *montage/av* 6/1, S. 5-35.

Müller-Doohm, Stefan/Neumann-Braun, Klaus (1991): »Öffentlichkeit, Kultur, Massenkommunikation – Bezugspunkte für die Aktualisierung der Medien- und Kommunikationssoziologie«. In: dies. (Hg.): *Öffentlichkeit, Kultur, Massenkommunikation. Beiträge zur Medien- und Kommunikationssoziologie.* Oldenburg: BIS, S. 7-30.

Münch, Richard (1995): *Dynamik der Kommunikationsgesellschaft.* Frankfurt a.M.: Suhrkamp.

Neumann-Braun, Klaus/Autenrieth, Ulla P. (Hg.) (2011): *Freundschaft und Gemeinschaft im Social Web. Bildbezogenes Handeln und Peergroup-Kommunikation auf Facebook & Co.* Baden-Baden: Nomos.

Noelle-Neumann, Elisabeth (1980): *Die Schweigespirale. Öffentliche Meinung – unsere soziale Haut.* München; Zürich: Piper.

Parsons, Talcott (1964): »Evolutionary Universals in Society«. In: *American Sociological Review* 29/3, S. 339-357.

Peters, Bernhard (2007): *Der Sinn von Öffentlichkeit. Herausgegeben von Hartmut Weßler. Mit einem Vorwort von Jürgen Habermas.* Frankfurt a.M.: Suhrkamp.

Platon (1993): *Phaidros. Sämtliche Dialoge II.* Hamburg: Meiner.

Postman, Neil (1983): *Das Verschwinden der Kindheit.* Frankfurt a.M.: Fischer.

Reckwitz, Andreas (2006): »Die historische Transformation der Medien und die Geschichte des Subjekts«. In: Ziemann, Andreas (Hg.): *Medien der Gesellschaft – Gesellschaft der Medien.* Konstanz: UVK, S. 89-107.

Reichertz, Jo (2000): *Die Frohe Botschaft des Fernsehens. Kulturwissenschaftliche Untersuchung medialer Diesseitsreligion.* Konstanz: UVK.

Reichertz, Jo (2006): »Das Fernsehen als Akteur«. In: Ziemann, Andreas (Hg.): *Medien der Gesellschaft – Gesellschaft der Medien.* Konstanz: UVK, S. 231-246.

Riepl, Wolfgang (1913): *Das Nachrichtenwesen des Altertums. Mit besonderer Rücksicht auf die Römer.* Leipzig; Berlin: Teubner.

Rosengren, Karl Erik et al. (Hg.) (1985): *Media Gratifications Research. Current Perspectives.* Beverly Hills, Cal.: Sage.

Ruhrmann, Georg et al. (2003): *Der Wert von Nachrichten im deutschen Fernsehen. Ein Modell zur Validierung von Nachrichtenfaktoren.* Opladen: Leske & Budrich.

Ryan, Johnny (2010): *A History of the Internet and the Digital Future.* London: Reaktion Books.

Sandbothe, Mike (2003): »Der Vorrang der Medien vor der Philosophie«. In: Münker, Stefan et al. (Hg.): *Medienphilosophie. Beiträge zur Klärung eines Begriffs.* Frankfurt a.M.: Fischer, S. 185-197.

Saxer, Ulrich (1998): »Mediengesellschaft: Verständnisse und Mißverständnisse«. In: Sarcinelli, Ulrich (Hg.): *Politikvermittlung und Demokratie in der Mediengesellschaft. Beiträge zur politischen Kommunikationskultur.* Opladen; Wiesbaden: Westdeutscher Verlag, S. 52-73.

Saxer, Ulrich (2004): »Mediengesellschaft: auf dem Wege zu einem Konzept«. In: Imhof, Kurt et al. (Hg.): *Mediengesellschaft. Strukturen, Merkmale, Entwicklungsdynamiken.* Wiesbaden: VS Verlag für Sozialwissenschaften, S. 139-155.

Schade, Edzard (2004): »Indikatoren für die Medialisierungsforschung: Konzepte von Wirklichkeitskonstruktion als Bausteine der Mediengesellschaft«. In: Imhof, Kurt et al. (Hg.): *Mediengesellschaft. Strukturen, Merkmale, Entwicklungsdynamiken.* Wiesbaden: VS Verlag für Sozialwissenschaften, S. 114-138.

Schanze, Helmut (Hg.) (2001): *Handbuch der Mediengeschichte.* Stuttgart: Kröner.

Schelsky, Helmut (1979): »Gedanken zur Rolle der Publizistik in der modernen Gesellschaft (1963)«. In: ders.: *Auf der Suche nach Wirklichkeit. Gesammelte Aufsätze zur Soziologie der Bundesrepublik.* München: Goldmann, S. 304-323.

Schiewe, Jürgen (2004): *Öffentlichkeit. Entstehung und Wandel in Deutschland.* Paderborn: Schöningh.

Schmidt, Siegfried J. (1994): »Die Wirklichkeit des Beobachters«. In: Merten, Klaus et al. (Hg.): *Die Wirklichkeit der Medien. Eine Einführung in die Kommunikationswissenschaft.* Opladen: Westdeutscher Verlag, S. 3-19.

Schmidt, Siegfried J. (1996): *Die Welten der Medien. Grundlagen und Perspektiven der Medienbeobachtung.* Braunschweig; Wiesbaden: Vieweg.

Schmidt, Siegfried J. (2000a): *Kalte Faszination. Medien – Kultur – Wissenschaft in der Mediengesellschaft.* Weilerswist: Velbrück Wissenschaft.

Schmidt, Siegfried J. (2000b): »Aufmerksamkeit – revisited. Das Mediensystem verstrickt sich in eine mörderische Paradoxie«. In: *www.heise.de/tp/deutsch/special/auf/4543/1.html* [gesehen am 12.11.2002].

Schneider, Irmela (2000): »Anthropologische Kränkungen. Zum Zusammenhang von Medialität und Körperlichkeit in Mediendiskursen«. In: Becker, Barbara/dies. (Hg.): *Was vom Körper übrig bleibt. Körperlichkeit – Identität – Medien*. Frankfurt a.M.; New York: Campus, S. 13-39.

Sennett, Richard (1983): *Verfall und Ende des öffentlichen Lebens. Die Tyrannei der Intimität*. Frankfurt a.M.: Fischer.

Siegert, Bernhard (1993): *Relais. Geschicke der Literatur als Epoche der Post 1751-1913*. Berlin: Brinkmann & Bose.

Silverstone, Roger (2008): *Mediapolis. Die Moral der Massenmedien*. Frankfurt a.M.: Suhrkamp.

Slevin, James (2000): *The Internet and Society*. Cambridge: Polity Press.

Slouka, Mark (1995): *War of the Worlds. Cyberspace and the High-Tech Assault on Reality*. New York: Basic Books.

Spreen, Dierk (1998): *Tausch, Technik, Krieg. Die Geburt der Gesellschaft im technisch-medialen Apriori*. Hamburg; Berlin: Argument.

Standage, Tom (1998): *The Victorian Internet. The Remarkable Story of the Telegraph and the Nineteenth Century's On-line Pioneers*. London: Weidenfeld & Nicolson.

Steinert, Heinz (2003): *Die Entdeckung der Kulturindustrie. Oder: Warum Professor Adorno Jazz-Musik nicht ausstehen konnte*. Münster: Westfälisches Dampfboot.

Stöber, Rudolf (2003a): *Mediengeschichte. Die Evolution »neuer« Medien von Gutenberg bis Gates. Eine Einführung. Band 1: Presse – Telekommunikation*. Wiesbaden: Westdeutscher Verlag.

Stöber, Rudolf (2003b): *Mediengeschichte. Die Evolution »neuer« Medien von Gutenberg bis Gates. Eine Einführung. Band 2: Film – Rundfunk – Multimedia*. Wiesbaden: Westdeutscher Verlag.

Stöber, Rudolf (2004): »What Media Evolution Is. A Theoretical Approach to the History of New Media«. In: *European Journal of Communication* 19/4, S. 483-505.

Sutter, Tilmann/Charlton, Michael (Hg.) (2001): *Massenkommunikation, Interaktion und soziales Handeln*. Wiesbaden: Westdeutscher Verlag.

Tenbruck, Friedrich H. (1996): »Die Bedeutung der Medien für die gesellschaftliche und kulturelle Entwicklung«. In: ders.: *Perspektiven der Kultursoziologie. Gesammelte Aufsätze*. Opladen: Westdeutscher Verlag, S. 263-281.

Vogel, Matthias (2001): *Medien der Vernunft. Eine Theorie des Geistes und der Rationalität auf Grundlage einer Theorie der Medien*. Frankfurt a.M.: Suhrkamp.

Vogel, Matthias (2003): »Medien als Voraussetzungen für Gedanken«. In: Münker, Stefan et al. (Hg.): *Medienphilosophie. Beiträge zur Klärung eines Begriffs*. Frankfurt a.M.: Fischer, S. 107-134.

Vowe, Gerhard/Wolling, Jens (2004): *Radioqualität – was die Hörer wollen und was die Sender bieten. Vergleichende Untersuchung zu Qualitätsmerkmalen und Qualitätsbewertungen von Radioprogrammen in Thüringen, Sachsen-Anhalt und Hessen*. München: Kopäd.

Wagner, Ulrike et al. (2009): *Web 2.0 als Rahmen für Selbstdarstellung und Vernetzung Jugendlicher. Analyse jugendnaher Plattformen und ausgewählter Selbstdarstellungen von 14- bis 20-Jährigen*. (www.jff.de/dateien/Bericht_Web_2.0_Selbstdarstellungen_JFF_2009.pdf; aufgerufen am 20.10.2011).

Weber, Max (1972): *Wirtschaft und Gesellschaft. Grundriß der verstehenden Soziologie*. 5. rev. Auflage, Studienausgabe. Tübingen: Mohr.

Weber, Max (1988): »Rede auf dem ersten Deutschen Soziologentage in Frankfurt 1910«. In: ders.: *Gesammelte Aufsätze zur Soziologie und Sozialpolitik*. Tübingen: Mohr, S. 431-449.

Weiß, Ralph (2001): *Fern-Sehen im Alltag. Zur Sozialpsychologie der Medienrezeption*. Wiesbaden: Westdeutscher Verlag.

Welcker, Carl Theodor (1841): »Oeffentlichkeit«. In: Rotteck, Carl von/ders. (Hg.): *Staats-Lexikon oder Encyklopädie der Staatswissenschaften. Zwölfter Band*. Altona: Hammerich, S. 252-309.

Wellman, Barry/Haythornthwaite, Caroline (Hg.) (2002): *The Internet in Everyday Life*. Oxford: Blackwell.

Wenzel, Harald (2001): *Die Abenteuer der Kommunikation. Echtzeitmassenmedien und der Handlungsraum der Hochmoderne.* Weilerswist: Velbrück Wissenschaft.

Willems, Herbert (Hg.) (2002): *Die Gesellschaft der Werbung. Kontexte und Texte, Produktionen und Rezeptionen, Entwicklungen und Perspektiven.* Wiesbaden: Westdeutscher Verlag.

Winkler, Hartmut (1996): *Docuverse. Zur Medientheorie der Computer.* München: Boer.

Zielinski, Siegfried (1986): *Zur Geschichte des Videorecorders.* Berlin: Spiess.

Ziemann, Andreas (2004): »Die Moralmacher. Über die verstärkt zu beobachtende Moralisierungsspirale der Massenmedien«. In: *Ästhetik & Kommunikation* 35/125, S. 129-133.

Ziemann, Andreas (2006a): »Mediensoziologie – Wirklichkeitskonstruktionen, gesellschaftliche Ordnung und Rezipientenhandeln«. In: Scholz, Christian (Hg.): *Handbuch Medienmanagement.* Berlin; Heidelberg: Springer Verlag, S. 151-172.

Ziemann, Andreas (Hg.) (2006b): *Medien der Gesellschaft – Gesellschaft der Medien.* Konstanz: UVK.

Ziemann, Andreas (2008): »Kommunikationstheorie als Gesellschaftstheorie – und mediale Konstellationen«. In: Hepp, Andreas et al. (Hg.): *Theorien der Kommunikations- und Medienwissenschaft. Grundlegende Diskussionen, Forschungsfelder und Theorieentwicklungen.* Wiesbaden: VS Verlag für Sozialwissenschaften, S. 157-171.

Ziemann, Andreas (2011): *Medienkultur und Gesellschaftsstruktur. Soziologische Analysen.* Wiesbaden: VS Verlag für Sozialwissenschaften.

Einsichten.
Themen der Soziologie

HEIKE DELITZ
Architektursoziologie

2009, 148 Seiten, kart., 11,50 €,
ISBN 978-3-8376-1031-4

STEPHAN MOEBIUS
Kultur
(2., überarbeitete Auflage)

2008, 248 Seiten, kart., 14,80 €,
ISBN 978-3-89942-697-7

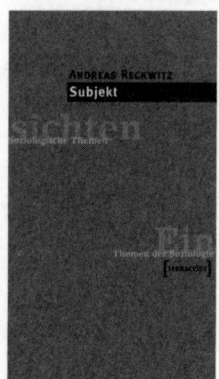

ANDREAS RECKWITZ
Subjekt
(2., unveränderte Auflage
2010)

2008, 164 Seiten, kart., 15,80 €,
ISBN 978-3-89942-570-3

Einsichten.
Themen der Soziologie

Uwe Schimank
Gesellschaft

März 2013, ca. 150 Seiten,
kart., ca. 11,50 €,
ISBN 978-3-8376-1629-3

Silke van Dyk
Soziologie des Alters

Dezember 2012, ca. 150 Seiten,
kart., ca. 11,50 €,
ISBN 978-3-8376-1632-3

Paula-Irene Villa
Soziologie des Geschlechts

März 2013, ca. 150 Seiten,
kart., ca. 11,50 €,
ISBN 978-3-8376-1842-6

Leseproben, weitere Informationen und Bestellmöglichkeiten
finden Sie unter www.transcript-verlag.de

Einsichten.
Themen der Soziologie